T'EN FAIS PAS, MA PELOTE, JE SUIS LÀ ...
QUE TOUT À L'HEURE... MAIS... ILS VONT CERTAINEMENT ORGANISER QUELQUE CHOSE...
...ÉCOUTE ! À CHAQUE JOUR SUFFIT SA PEINE... ET PUIS IL COMMENCE À FAIRE FRAIS ...
NOUS ALLONS RENTRER... LA NUIT PORTE CONSEIL.

Franquin

IL ÉTAIT UNE FOIS

IDÉES NOIRES

FLUIDE GLACIAL

SOMMAIRE

PRÉFACE

PAR **GÉRARD VIRY-BABEL**

Une marée noire, une machine robotisée à faire des conserves de poulet, un ministre cynique qui place le budget de l'armée devant la santé, des bulldozers bétonnant la ville, des généraux jouant à la pétanque avec des grenades, d'autres qui déclenchent une guerre nucléaire, un bourreau qui emmène sa guillotine chez le rémouleur…

Quand en 1977 Franquin publie ses premières ***Idées noires***, il ne soupçonne pas que, quarante ans plus tard, elles seront toujours d'une actualité brûlante. En fin de compte, il ne serait pas incongru de définir Franquin comme un genre de « lanceur d'alerte » qu'on n'aurait pas vraiment pris au sérieux.

Franquin était un homme affable, jovial et drôle, dont le rire tonitruant et communicatif résonne encore aux oreilles de ceux qui l'ont côtoyé. Il a pourtant été décrit depuis le milieu des années 70 par ses exégètes comme tourmenté et meurtri par une dépression chronique, soi-disant à l'origine de ses « monstres » puis des ***Idées noires***. La réalité est pour le moins plus nuancée, voire – si l'on en croit Franquin lui-même – plus frivole : « *Pourquoi fait-on des dessins affreux ? Je crois que c'est surtout pour le plaisir simple et bête de faire des grimaces… En cherchant un peu plus loin, on trouverait peut-être que c'est pour transformer en gag la crainte du vieillissement, de la maladie, du cercueil ! S'il n'est pas ce remède, le dessin d'horreur est un dévergondage, ce qui n'est pas une raison pour que je m'en abstienne…* »

Reste qu'***Idées noires*** est une œuvre puissante. L'aboutissement de l'art de Franquin : son chant du cygne. C'est le moment où la pureté de sa maîtrise technique et son humour incisif rejoignent ses convictions profondément humanistes. C'est aussi un chef-d'œuvre de l'humour noir. Oscillant entre optimisme et pessimisme, les ***Idées noires*** ne sont jamais cyniques. On y comprend le simple besoin de montrer du doigt les horreurs du monde pour les conjurer dans un éclat de rire. En cela, cette œuvre magistrale ne pouvait trouver meilleur écrin que *Fluide Glacial*, le journal de Gotlib qui disait d'elles : « *Dès la première idée noire, Franquin a l'air de dire : "Attention, là c'est plus de la rigolade comme avant !" Il annonçait la couleur, c'est-à-dire le noir et le blanc…* »

FRANQUIN

PAR **GÉRARD VIRY-BABEL** | 2016

***« C'est en lisant des histoires américaines que j'ai appris à dessiner comme à peu près tous les gars de ma génération. Peut-être aussi que ma vocation a été déterminée par un tableau noir. Un oncle m'avait offert un de ces tableaux d'écolier, une planche noire supportée par un trépied. Il s'est fait que mon père a été frappé par un gribouillage que j'y avais inscrit, un dessin à la craie représentant un chien qui respirait une fleur. Mon père trouvait le dessin si beau qu'il est allé avec le tableau noir chez un ami photographe et qu'il l'a fait reproduire. Quand vous avez cinq ans et qu'on prend au sérieux votre œuvre au point d'en faire une photo, ça vous fait un certain effet*[1]. »**

André Franquin est né le 3 janvier 1924 à Bruxelles. Enfant, il dévore les illustrés américains *Popeye*, *Snuffy Smith,* et développe très vite une prédisposition pour le dessin. Son père, employé de banque, est un homme sérieux et strict, à l'opposé des aspirations humoristiques de Franquin qu'il ira chercher dans ses lectures. Destiné à l'ingénierie agronome, sa mère convainc ce dernier de l'envoyer à Saint-Luc, école d'art religieux, en 1943 où il se met réellement au dessin en illustrant des fables, et en s'essayant à la caricature. Repéré par Eddy Paape, il est embauché au studio d'animation CBA où il fait la rencontre de Morris. Il sera rejoint deux ans plus tard par Peyo. Jusqu'en 1945, ils réalisent de nombreux courts métrages animés, puis, après la faillite de CBA, se retrouvent tous embauchés aux éditions Dupuis. Là, ils sont chaperonnés par Jijé, une rencontre déterminante : « *Pour la première fois de ma vie, je rencontrais un adulte qui n'était pas un emmerdeur.* » En 1946, Jijé confie les aventures de Spirou à Franquin. Le personnage s'étoffera et deviendra célèbre sous sa plume pendant presque 20 ans.

Franquin devient rapidement la pierre angulaire au sein du journal *Spirou* : en plus de la série éponyme, il réalise de nombreuses couvertures, pages promotionnelles et autres « bricoles » qui alourdissent un peu plus chaque fois sa charge de travail déjà immense.

En 1955, suite à un différend avec Dupuis, il quitte un temps *Spirou* pour *Tintin* où il crée la série ***Modeste et Pompon***. Il revient pourtant vite chez *Spirou* tout en continuant cette unique collaboration avec *Tintin*. Au milieu des années 60, c'est le « burn-out » en plein album de ***QRN sur Bretzelburg*** dont il interrompt un long moment l'exécution. Il le terminera avec le soutien de Greg, et l'album est encore à ce jour considéré par beaucoup de lecteurs comme un des meilleurs Spirou.

[1] *Spirou* 1636, 21 août 1969, « Quand ils avaient votre âge ».

YVAN DELPORTE

La rencontre avec Yvan Delporte sera, comme pour Jijé, un tournant dans sa carrière et le début d'une longue amitié. C'est d'ailleurs durant la période où ce dernier est rédacteur en chef du magazine *Spirou*, en 1957, que Franquin créera un autre personnage mythique : Gaston.

En plus d'être un des meilleurs rédacteurs en chef de sa génération, Delporte est un grand gagman et un excellent scénariste. Il collaborera étroitement jusqu'à la fin à l'œuvre de Franquin et a indéniablement sa part dans le succès de ***Gaston*** et des ***Idées noires*** (il collabora aussi à beaucoup d'autres séries dont les Schtroumpfs de Peyo, entre autres). Dans son sillage un autre grand dessinateur, Jidéhem, épaulera Franquin, en particulier (mais pas que) sur les décors de Gaston. On notera que son pseudonyme reprend l'acronyme de son nom : Jean de Maesmaker[2]...

L'ART DE FRANQUIN

Le génie de Franquin se trouve à tous les niveaux de son œuvre : dans son inventivité scénaristique, son humour incisif dont le pinacle est atteint avec Gaston, et la touche de poésie dont il parsemait ses bandes (***Le Nid des Marsupilamis*** en est peut-être le meilleur exemple).

Son dessin, souvent chirurgical et « pinailleur », transcendait le réel : Franquin était un grand observateur du monde, ces animaux passés sous sa plume sont détaillés, vivants. De même, le mobilier (et l'immobilier) dans ses planches pourrait faire l'objet d'un catalogue! Et la précision de sa représentation donne une ambiance particulière à ses histoires. Et puis il y a les véhicules : qui n'a pas rêvé de voyager dans le Fantacoptère ou la Zorgmobile, ou juste de faire un tour dans la Quick super!

Cependant, la précision de son dessin dépasse la simple prouesse technique : elle est au service de son récit. Chaque élément de décor, chaque expression sur le visage des personnage est étudiée, travaillée, « chipotée » pour les besoins du gag, de la situation. On peut passer des heures à scruter une seule case et admirer les détails de la composition. Enfin, il y a le mouvement, hérité de son expérience dans le film d'animation. Franquin a toujours cherché à reproduire aussi précisément que possible la sensation de mouvement comme en témoigne une des séquences les plus sensationnelles qu'il ait réalisées : la course cycliste dans ***La Mauvaise Tête***, invariablement citée par tous les Franquinophiles.

IDÉES NOIRES

Dans les années 70, Delporte, qui n'est plus alors rédacteur en chef, et Franquin sont déçus de la nouvelle ligne éditoriale de *Spirou* qu'ils trouvent peu en phase avec leur époque. Avec l'accord de Dupuis, ils créent en compagnie de Fred Jannin *Le Trombone illustré*, journal « pirate » inséré dans le magazine *Spirou*. Cet ovni qui ne vivra que durant trente numéros sera le berceau des ***Idées noires***, le grand œuvre de Franquin.

À l'arrêt du *Trombone illustré*, Gotlib convainc Franquin de continuer la série dans *Fluide Glacial*. Les vingt dernières années de sa carrière seront empreintes d'humour noir, et d'un regard pessimiste sur le monde qui sera souvent, et exagérément, assimilé à de la dépression chronique.

Monstre de travail, Franquin déclara sur la fin de sa carrière : « *L'ennui, dans ce métier, c'est qu'on n'a pas le temps de s'accouder à un pont à regarder passer les locomotives. Meuh!!.*[3] » ■

Page de gauche, en haut : Autoportrait dans la planche 727 de Gaston, *Spirou* 1972

en bas : Illustration de couverture du Livre d'or de Franquin, 1982

colonne de droite : Photographie de Franquin au début des années 1960

Page de droite, en haut : 3 cases originales de l'album *La Mauvaise Tête*, 1957

en bas à droite : Le premier strip des *Idées noires*, paru dans *Le Trombone illustré* n°1 (*Spirou* n°2031, 17 mars 1977)

[2] L'histoire raconte que Jean de Maesmaker (JDM) ressemblait tant au père de Jidéhem que Franquin lui donna son nom en hommage.
[3] *Spirou* 1636, 21 août 1969, « Quand ils avaient votre âge ».

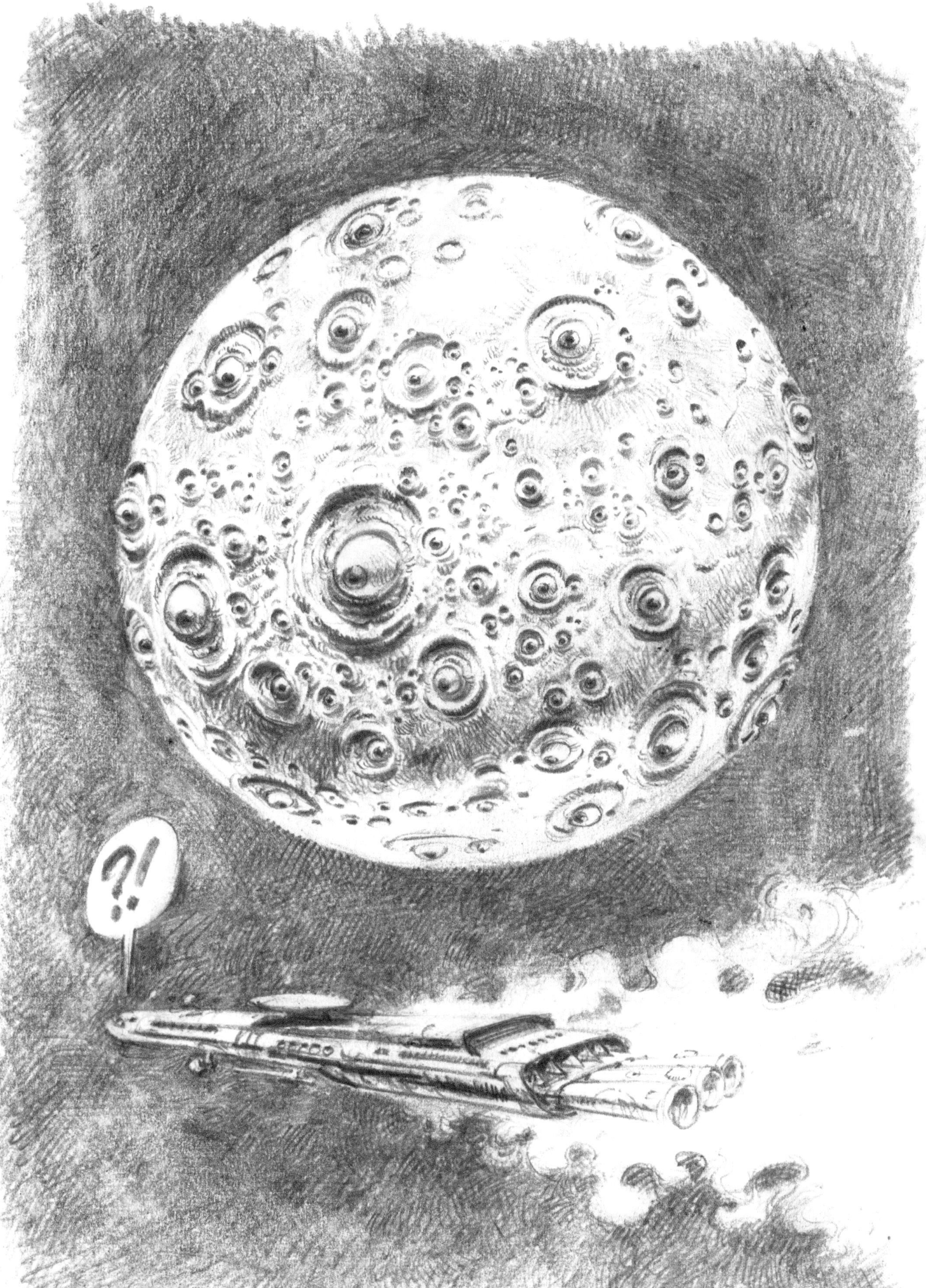

QU'EST-CE QUE CETTE JUSTICE, MERDE ? ON NE M'A MÊME PAS DIT LA DURÉE DE MA PEINE !... QUOI ? HÉ !
IL N'Y A PAS DE DURÉE. SI VOUS ARRIVEZ À SORTIR, VOUS ÊTES LIBRE.
?
UN LABYRINTHE ! LES CONS, J'AI TOUJOURS AIMÉ JOUER À ÇA, MOI ! ET JE SUIS MALIN...
PAS LONGTEMPS, QUE J'Y RESTERAI, DANS LEUR LABYRINTHE !

IL NE FAUT PAS CONFONDRE ASTROPHYSIQUE ET CHAMPION TROP BIEN BÂTI.

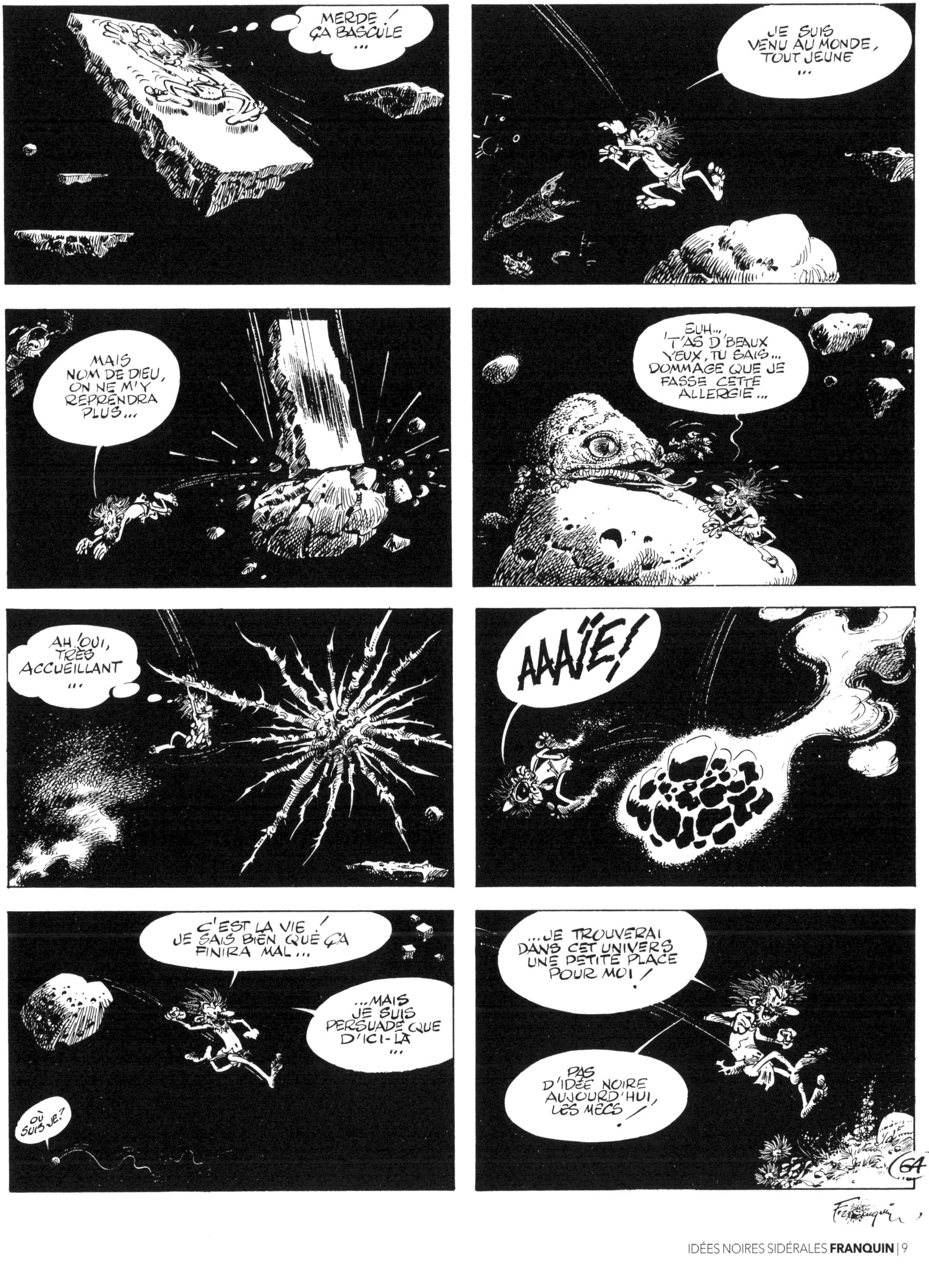
MERDE ! ÇA BASCULE ...
JE SUIS VENU AU MONDE, TOUT JEUNE ...
MAIS NOM DE DIEU, ON NE M'Y REPRENDRA PLUS ...
EUH... T'AS D'BEAUX YEUX, TU SAIS... DOMMAGE QUE JE FASSE CETTE ALLERGIE ...
AH ! OUI, TRÈS ACCUEILLANT ...
AAAÏE !
C'EST LA VIE ! JE SAIS BIEN QUE ÇA FINIRA MAL ...
...MAIS JE SUIS PERSUADÉ QUE D'ICI-LÀ ...
OÙ SUIS-JE ?
...JE TROUVERAI DANS CET UNIVERS UNE PETITE PLACE POUR MOI !
PAS D'IDÉE NOIRE AUJOURD'HUI, LES MECS !
64
Franquin

VOUS AVEZ OUBLIÉ LE GARS QU'ON A DÉPOSÉ SUR UN ASTÉROÏDE-LABYRINTHE ? VOUS N'AVEZ PAS DE CŒUR ! EN TOUT CAS, IL Y EST TOUJOURS.
...OUI ! VOILÀ LES TYPES DU RAVITAILLEMENT HEBDOMADAIRE... IL S'AGIT QU'ILS ME VOIENT ! ...ET QU'ILS SOIENT PRÉCIS, NOM DE DIEU !
HÉ ! HOUUOUU ! ICI!!!
AH ! ILS M'ONT VU... ILS OUVRENT LEUR PANIER ...
AVIS ! ON A RÉEXAMINÉ VOTRE CAS : LA PEINE A ÉTÉ AGGRAVÉE.
QUOI ? QUOI ?
VOUS N'ÊTES PLUS SEUL.
L'ANIMAL A L'OUÏE ET L'ODORAT TRÈS DÉVELOPPÉS.
SURTOUT NE PAS PÉTER !
59
Franquin

IL NE FAUT PAS CONFONDRE FORME DE L'UNIVERS ET VERT DE L'UNIFORME.

CHUTES LIBRES

PAR **GÉRARD VIRY-BABEL** | 2016

En haut, à droite : Photographie de Franquin et Jean Mulatier dans l'atelier que ce dernier partageait avec Ricord et Morchoisne en 1981

en haut, à gauche : *Mormoil* N°5, été 1975, dans lequel figure l'histoire « Chutes libres »

en bas : Lettre de Franquin à Mulatier, 1975

Mormoil est un journal éphémère de bande dessinée créé en mars 1974 par Mulatier, Morchoisne, Ricord, Lucques et Rampal, et arrêté en novembre 1975 après seulement 7 numéros. Comme chez son grand frère *L'Écho des savanes,* ses fondateurs viennent de *Pilote* et revendiquent un journal libre, et sans complexes.

Évidemment, Mulatier (directeur artistique du journal) voudrait bien faire participer Franquin et imagine un début de bande dessinée en trois cases dont différents auteurs devraient imaginer une fin. Franquin accepte la proposition et livre cette planche inédite à la grande joie des compères de *Mormoil.* Cette petite contribution de Franquin constitue ses véritables premiers pas dans la nouvelle bédé française des années 70 et préfigure la liberté de ton qu'il emploiera à *Fluide Glacial* quelque temps plus tard.

Publiée dans le numéro 5 de *Mormoil* de juin 1975 (soit deux ans avant la première idée noire) la planche était introduite par un court texte : « *Ci-dessous, un début d'histoire resté volontairement sans suite et dessiné par Mulatier qui fait des histoires pour un ovni ou pour un non, mais qui a quand même des tas d'amis. Trois d'entre eux, Franquin, Marin, et Lucques, ont pondu chacun un dernier acte pour ces deux personnages en quête de chute. Les décors sont de Roger Hart.* »

La lettre qui accompagne la livraison de la planche est très révélatrice de la profonde et réelle modestie de Franquin d'une part, et de la fragilité de sa santé à l'époque (l'exécution de la planche est contemporaine de son premier infarctus).

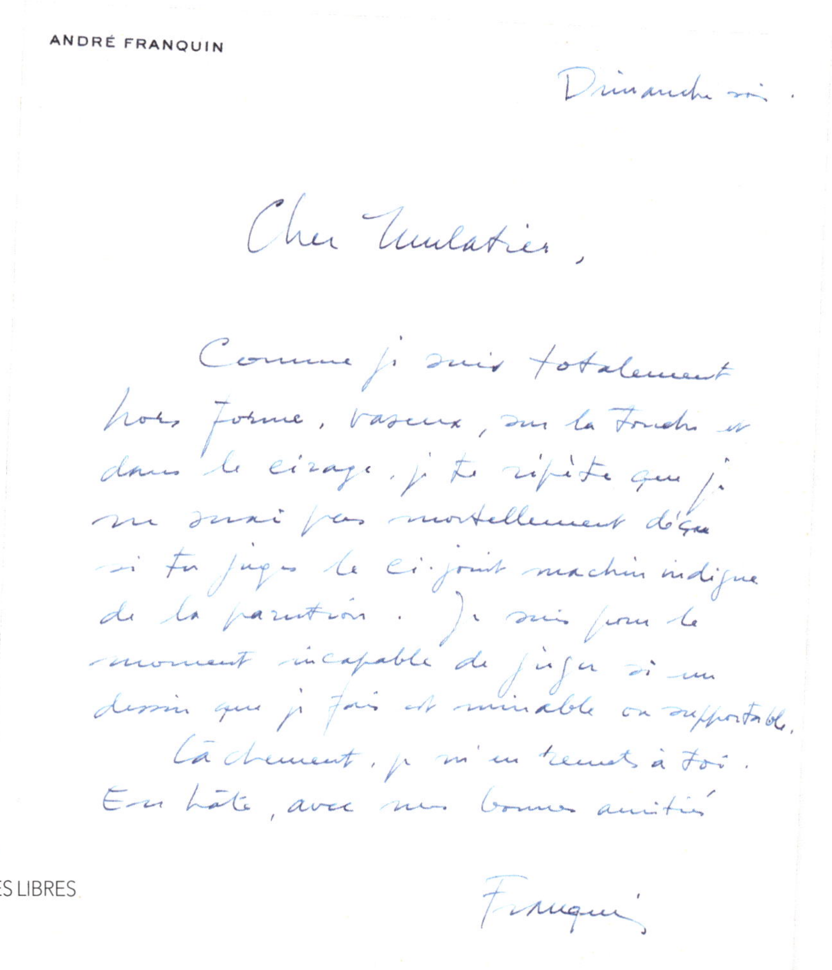
ANDRÉ FRANQUIN

Dimanche soir.

Cher Mulatier,

Comme je suis totalement hors forme, vaseux, sur la touche et dans le cirage, je te répète que je ne serai pas mortellement déçu si tu juges le ci-joint machin indigne de la parution. Je suis pour le moment incapable de juger si un dessin que je fais est minable ou supportable.

Lâchement, je m'en remets à toi. En hâte, avec mes bonnes amitiés

Franquin

Cher Mulatier,

Comme je suis totalement hors forme, vaseux, sur la touche et dans le cirage, je te répète que je ne serai pas mortellement déçu si tu juges le ci-joint machin indigne de la parution. Je suis pour le moment incapable de juger si un dessin que je fais est minable ou supportable.

Lâchement, je m'en remets à toi. En hâte, avec mes bonnes amitiés,

Franquin

CHUTES LIBRES CADAVRES EXQUIS PAR **MULATIER & FRANQUIN** | 1975

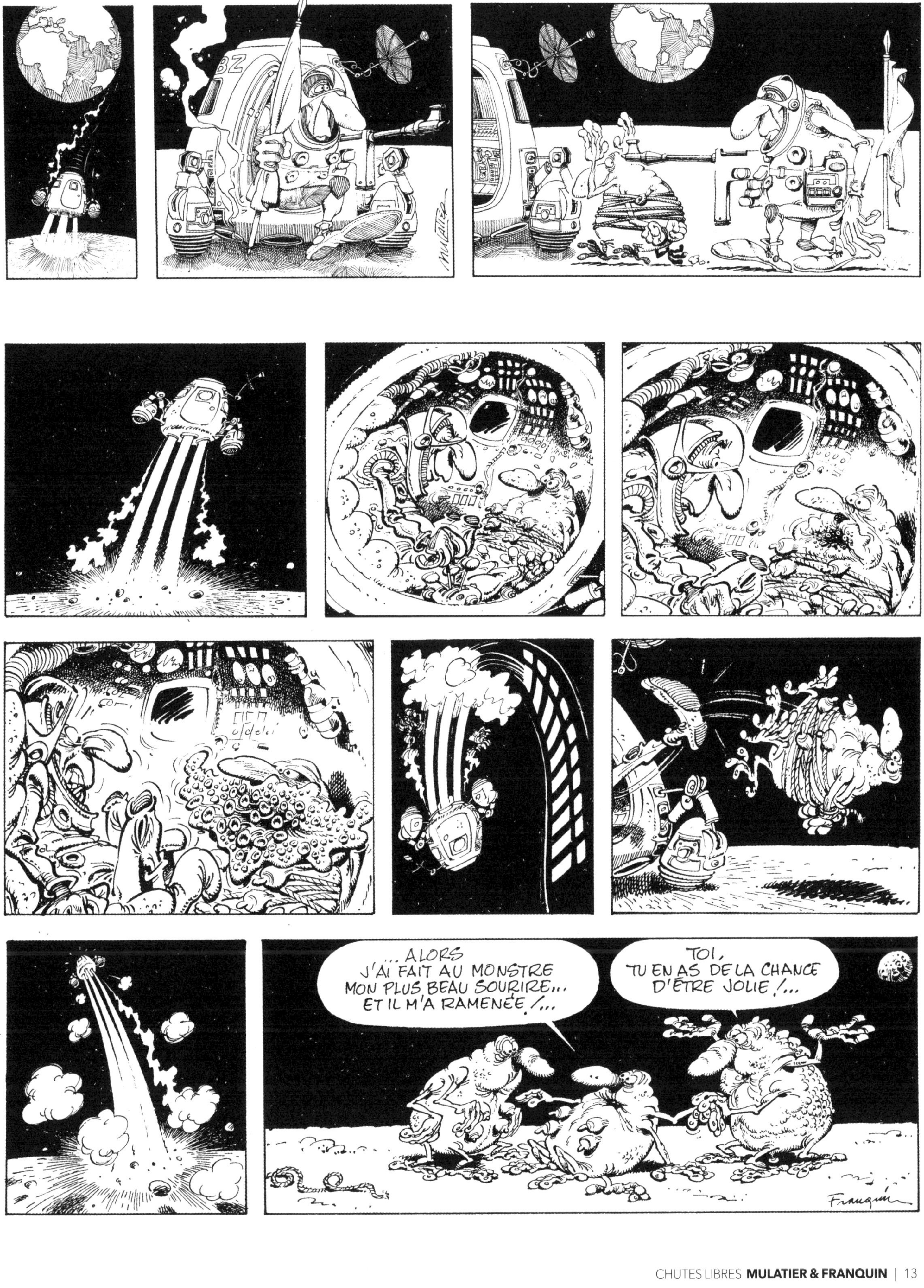

FLUIDE GLACIAL

Umour et Bandessinées

N° 39 • SEPTEMBRE 79 • 9 f Canada $ 1,95 Suisse FS 4,50

LA GALERIE DES MONSTRES

PAR **FRANQUIN** | 1989

J'éprouve un plaisir formidable à faire des monstres. Je pourrais en créer un par jour.

C'est d'ailleurs pratiquement ce que je fais, puisque je me suis engagé à en livrer un par semaine au journal *Spirou*. Pour combien de temps, je n'en sais rien, je ne me suis pas fixé de limites. Je verrai bien. Après, il y aura sûrement autre chose : j'ai toujours une foule de personnages et d'histoires en réserve.

Mon goût pour les monstres remonte aux temps lointains où les réunions de *Spirou* se tenaient dans les Ardennes belges. Nous y étions restés plusieurs jours, et j'en avais profité pour me balader, mon carnet de croquis à la main, dans les bois des environs. Des bois où les sapins sont plantés très régulièrement. Quand on pénètre dans ces forêts, on est saisi par un « monstre » d'atmosphère : ça fait marcher très fort l'imagination, et on voit facilement des petits êtres grouillant dans cette ombre perpétuelle. Je suis revenu aux réunions de rédaction avec un carnet rempli de projets de ces petits êtres. Il m'en reste d'ailleurs encore quelques-uns.

En fait, j'ai toujours voulu dessiner des créatures effrayantes, mais je crois bien que je ne suis pas doué pour faire peur. Ma femme est peut-être la seule personne que mes monstres parviennent à terroriser... Tous les autres rigolent ! Finalement, mes monstres ne sont pas vraiment monstrueux : ils constituent plutôt une sorte de bestiaire fantastique. Ils ont d'ailleurs évolué, depuis près de dix ans que j'en dessine : il y a eu la période des bébêtes poilues qui tiraient la langue, puis la période des monstres mécaniques, puis des espèces de monstruosités géométriques, architecturales, puis des monstres gluants, ou avec des excroissances. En ce moment, c'est la période des monstres à expressions humanoïdes. Curieusement, quand je dessine machinalement, au téléphone, par exemple, ce ne sont pas des monstres qui me viennent sous la plume, mais plutôt des doodles, comme disent les Américains, des petits croquis qu'on fait en pensant à autre chose. J'arrive à des géométries étonnantes, abstraites, qui m'amusent beaucoup... Évidemment, ce n'est ni du Picasso ni du Miró !

La difficulté, avec les monstres, c'est d'éviter la redite. S'ils devenaient routine, je n'y prendrais plus de plaisir. Or je les dessine pour le plaisir, c'est un jeu. D'ailleurs, je déteste qu'on m'appelle pour le repas quand je suis en train de jouer ! La meilleure preuve qu'il s'agit de pur plaisir graphique, c'est que la plupart du temps, je n'invente même pas d'histoire à mes monstres. Sauf pour ceux que je donne au journal, et qui doivent s'inscrire dans un récit, une anecdote. Dans ce cas, je travaille avec Yvan Delporte, qui me suggère l'une ou l'autre biographie.

Pour l'instant, je n'ai pas envie d'aller plus loin, de faire des monstres une série BD. Il y a longtemps de ça, Goscinny rêvait de leur écrire un scénario pour *Pilote*. Malheureusement, il est mort sans avoir pu le faire... Ç'aurait sûrement été génial ! Bien sûr, il m'arrive, en dessinant des esquisses pour tel ou tel monstre, de penser qu'il aurait sa place dans une petite bande dessinée. Finalement, je manque terriblement de temps. Je n'arrive même pas à reprendre Gaston. Ça viendra : je veux arriver à en faire un tous les quinze jours ! Mais faire Gaston, plus les monstres, plus une bande dessinée des monstres, ce serait... monstrueux ! »

PROPOS RECUEILLIS PAR **NUMA SADOUL** POUR *ANGOULÊME 89, LE MAGAZINE*

En haut : Franquin faisant le monstre

au milieu : Dessin paru dans *Cauchemarrant*, 1979

LA GALERIE DES MONSTRES

UN
MONSTRE

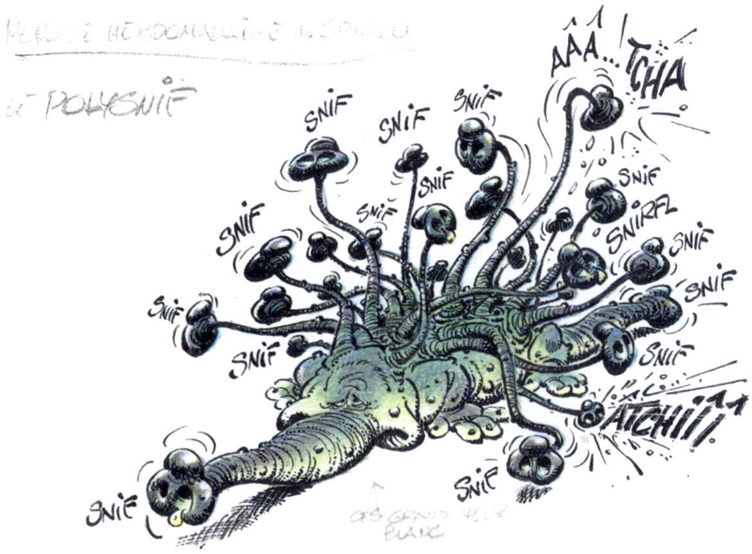
et POLYSNIF
ÂÂÂ... TCHA
SNIF
SNIRFL
ATCHIII

NI PEUR DU NOIR ET RACISME ANTI-AFRICAIN.

IL NE FAUT PAS CONFONDRE CAGIBI AU GRENIER ET RÉDUIT À L'ÉCHELLE.
...OUI, J'AI TOUJOURS AIMÉ LA MINIATURE... MAIS JE ME SUIS LASSÉ DES TRAINS ÉLECTRIQUES, DES BATEAUX ET AUTRES MAQUETTES...
...MA VÉRITABLE VOCATION, JE LA DÉCOUVRIS AVEC LE BONZAÏ, L'ART JAPONAIS DE CULTIVER DES ARBRES NAINS...
...AU DÉBUT, LE JEU CONSISTE À EMPÊCHER LA PLANTE DE GRANDIR... HIHIHI... TOUTE JEUNE, ON LA REPIQUE DANS DES POTS TROP PETITS, ON LA TRANSPLANTE SOUVENT...
...À CHAQUE FOIS, ON COUPE, CLIC AVEC DES CISEAUX TOUTES LES PETITES RACINES QUI ESSAYENT DE SE DÉVELOPPER, CLIC... CLIC
...ET PUIS ON ARRACHE LA PLUPART DES BOUTONS ET DES POUSSES TENDRES... MAIS PATIEMMENT, EN LES PINÇANT AVEC LES ONGLES... HIGNNN...
...IL POUSSE MALGRÉ TOUT UN EMBRYON DE TRONC, UNE OU DEUX BRANCHES MINUSCULES... ALORS, ON LES PLIE, ON LES TORD, ON LES LIGOTE AVEC DU FIL DE CUIVRE DANS DES POSITIONS ANORMALES AFIN QU'AU COURS DES ANNÉES ELLES ACQUIÈRENT DES FORMES BIZARRES...
...ON LES FORCE À RAMPER À L'AIDE DE CROCHETS... PARFOIS ON LES COINCE ENTRE DES CHEVILLES OU DES PIERRES... ON PRATIQUE AUSSI CERTAINES GREFFES... PERSONNELLEMENT, J'ADORE EXPÉRIMENTER ...
MAIS ?... QU'EST-CE QUI FAIT REMUER CE... NOM DE DIEU !
GOSSES DE MERDE ! JE VOUS AI DÉFENDU DE GRIMPER AUX ARBRES !
NOUS NE LE FERONS PLUS,
...PAPA.
16
Franquin

L'ATHÉE QUI CÔTOYAIT SES DIEUX

J'EXISTE, JE L'AI RENCONTRÉ PAR **FRÉDÉRIC JANNIN**

Commençons ce récit juste après la moitié des années 1970. J'échappe le plus possible à ma vie scolaire en dessinant pour les émissions de jeunes à la télé belge et pour des fanzines et journaux rock.

Complètement fan de bande dessinée, je suis tout de même un peu tiraillé par la musique rock (qui me semble à l'époque susceptible d'attirer plus d'admiratrices : les groupies de BD se font rares).

En rembobinant un poil, voici un des premiers chocs de mon début de vie : Walt Disney est à l'autre bout de la planète, mais les dessinateurs des séries dont je suis fan dans *Spirou* sont tous belges, comme moi.

Quasiment des voisins ! En plus, dans le cour de récré du collège Saint-Pierre, je rencontre Thierry Culliford et on devient très amis (même s'il est plus porté sur le foot que sur la BD). Le papa de Thierry, c'est Peyo dont les copains et collègues sont Franquin, Roba, Morris… autant dire l'école de Marcinelle. Je côtoie des dieux vivants. Traumatisant pour un gamin qui a toujours rêvé de faire de la BD.

Tous ces dieux sont restés très simples et accessibles. Un jour, j'organise dans mon école une petite causerie sur la BD avec Franquin, Peyo, Walthéry, Paape qui se sont déplacés gentiment, sans chichis, pour répondre aux questions des élèves. Une chose à peu près inimaginable aujourd'hui mais qui s'est révélée assez courante à l'époque. C'est ce jour-là que j'ai vaincu ma timidité pour oser péniblement baragouiner à Franquin que j'adorais ses « horribles dessins ». Je voulais parler des monstres qu'il dessinait pour s'amuser. Il ne l'a pas mal pris et s'est mis à rire bruyamment comme il savait le faire. Et il m'a fait un joli monstre.

Suite à cela, Roba lui aussi dessina un « monstre » sur une nappe de restaurant…

Parmi les amis de Peyo, il y en avait un qui sortait du lot : Yvan Delporte. Nettement plus fou-fou que les autres. Vraiment marginal, différent. On rigolait bien avec lui. A un moment, on ne se quittait plus.

Plus tard, je me suis rendu compte qu'il avait carrément fait mon éducation, vu qu'il était le rédacteur en chef du journal de *Spirou* dont j'étais un « petit lecteur » assidu. Yvan Delporte était très pote avec Franquin, et ce n'était pas toujours rassurant pour Liliane, qui voulait protéger son mari de cet hurluberlu marginal (qui notamment avait plein de copains qui jouaient des drôles de cigarettes et fumaient du jazz, à moins que ce soit le contraire). ■

En haut :
Jannin enfant rencontre Franquin, par Jannin

ci-dessus :
Un monstre, par Roba

colonne de droite, en haut :
Un monstre, par Franquin

colonne de droite, en bas :
Photographie d'Yvan Delporte et Franquin

ci-dessous :
Jannin par Gotlib

FRÉDÉRIC JANNIN : Né en 1956 à Uccle (Bruxelles), Frédéric Jannin est un touche-à-tout de génie : « Mon papa m'a dit à l'adolescence : tu dois arrêter de te disperser… Consacre-toi à une discipline et fais-le à fond comme ça tu ne regretteras pas… Mais c'est en désobéissant que je me suis immunisé contre le regret !… Au final j'ai fait tout ce que je voulais faire, en amateur, pour le plaisir de le faire, et en n'essayant pas de réussir, je n'ai rien raté ! » Entre bande dessinée (***Germain et nous***), musique (Zinno), ou télévision (« Les Snuls »), sa renommée outre-Quiévrain est si grande que le Philippe de Belgique voulut en faire son Dauphin. Malheureusement, Jannin ne sait pas nager. Jannin fut aussi, dès 1975, un intime de Franquin qui (avec Delporte) lui dessina des bouées pour le propulser dans le grand bain de la bédé. Reconnaissant, il est devenu avec le temps la véritable mémoire vivante de Franquin. Depuis quelques années il s'échine à retrouver et reconstituer les véritables couleurs des Gaston et Spirou. **Gérard VIRY-BABEL**

IL NE FAUT PAS CONFONDRE JOBARD ET BARJOT PAR FOERSTER | 2016

... Et chet André fut le cheul Champignol à quitter notre bourgade!
On l'a malheureusement oublié, mais il fut autrefois connu et renommé dans le monde entier pour ches bonzaïs...
Voichi l'hommage que lui a rendu la ville... À ches pieds, chon tout premier bonzaï !! Schlirf!!
...Le comte, lui, a bâti chon immenche fortune chur son entrepriche de culture et de fabricachion de bonzaïs de sa concepchion!!
Euh, oui ...et le dessinateur ??...
Plus tard, plus tard... À votre droite, notre boutique de chouvenirs! Vous y trouverez autant de répliques que vous le désirez de che tout premier bonzaï !!...
...en résine, en peluche, en bronze!...
... Et des albums de Labévue !?
Non, aucun! Les dichtributeurs ne viennent pas, schlirf, juchqu'ichi!...Chuivez-moi! D'ichi, vous pouvez apercevoir le château du comte !!
Avoir fait bâtir chette chité, schlirf, au pied de chon château, fut l'idée la plus géniale de notre anchêtre...

...Car, il l'a conchue de manière à che que les habitants du bourg, ch'est-à-dire ches descendants, nous nous chentions en parfaite adéquachion avec notre habitat!
Effectivement, vu sous cet angle, c'est réussi!!
Voyez-vous, la famille s'est vite agrandie... Depuis les premiers enfants du comte jusqu'à nous, tout le monde ch'est conchenchieuchement reproduit en famille, en parfaite conchanguinité!!...
BEURK !!
Schlirf !!
Pchut!
...C'hest che qu'exigeait le techtament du comte! Ch'était la condichion primordiale pour bénéficher de chon immenche héritage!
Et, bien sûr, il était également chtipulé, schlirf, que chaque bébé devait être élevé chelon les princhipes de l'antique culture bonzaïque: pliage, greffe...
ligature...
ligotage...
garrottage...
torsion des membres !!
eh bien...
...Ça ne nous dit pas où on peut trouver la maison d'André de Champignole, ses premiers dessins, tout ça!... Le soir tombe et...
Oui, ce qu'il veut dire, c'est qu'on n'est pas venus pour ça! Nous, on veut...
J'ai compris! De là-haut, vous pourrez admirer la maison natale en quechtion...
Schlirf!
...Vous pouvez l'observer depuis che point de vue !!
Ah, quand même !!...
...Ch'est devenu une école! Schlirf!
Mais, ces gamins!?... Ils n'ont rien de tordu!??... Pas contrefaits pour un sou !??...

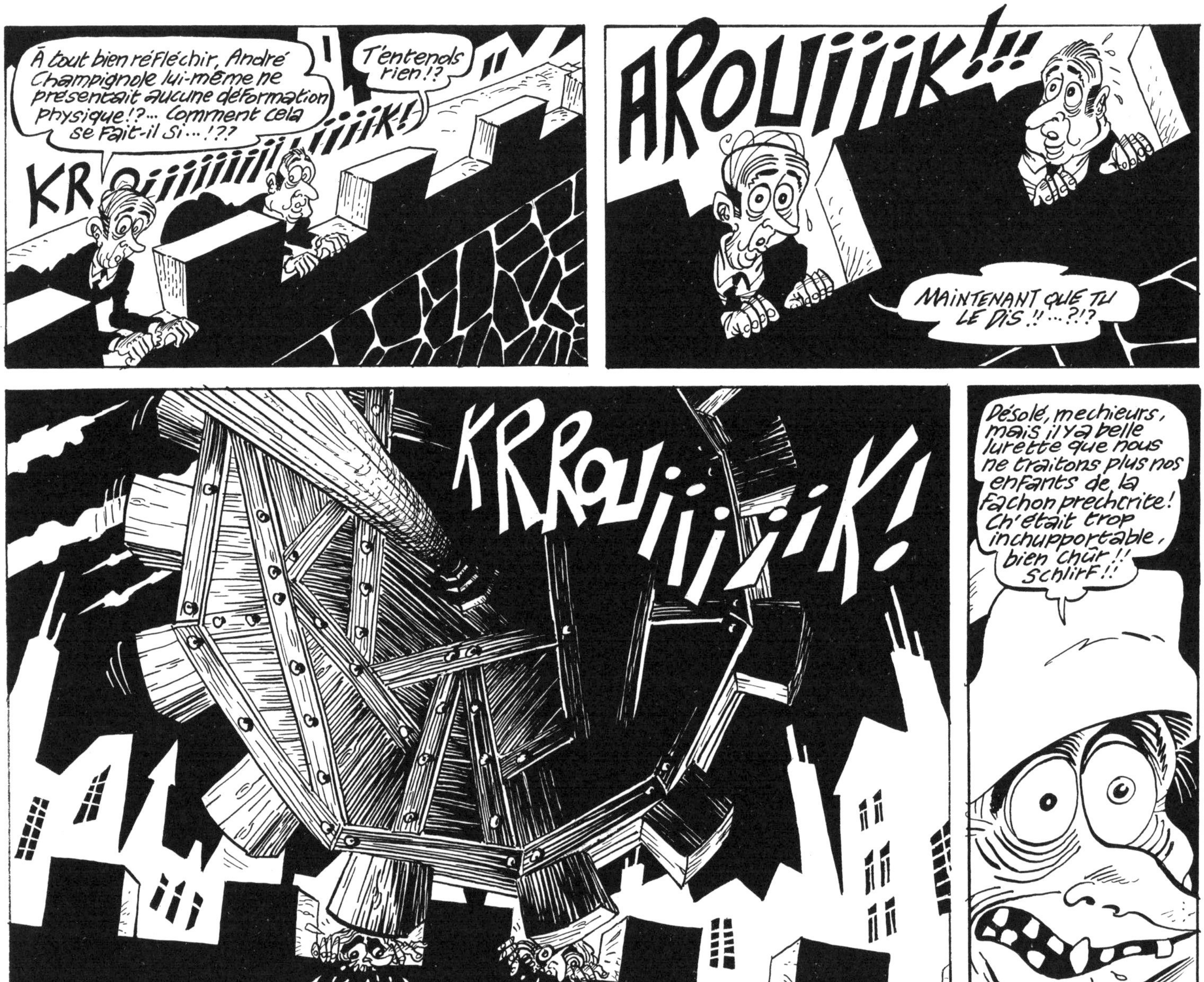
À tout bien réfléchir, André Champignole lui-même ne présentait aucune déformation physique !?... Comment cela se fait-il si...!??
T'entends rien !?
KROiiiiiiiiiiiiiiik !
AROUiiiik !!!
MAINTENANT QUE TU LE DIS !!...?!?
KRROUiiiiiiK !
Désolé, mechieurs, mais il y a belle lurette que nous ne traitons plus nos enfants de la fachon prechcrite ! Ch'était trop inchupportable, bien chûr !! SCHLIRF !!
Mais, pourtant...!? Les gens qu'on a croisés !? ...Vous-même !??...
Tous des fans de Labévue !!... quelque peu améliorés... quechtion de montrer que nous rechpectons les dernières volontés de l'aïeul !...
...Techtament oblige !
Schlirf ! Schlirf !
Bienvenue chez vous, les amis !!... Vous verrez, vous vous intégrerez vite !... Moi-même, je chuis pasché par là !! Et j'adore chette nouvelle patrie !! Habitant de Château Bancroche, que désirer de pluch !?
SCHLIRF !!
C'était un piège ! Un piège ourdi des décennies auparavant ! Et l'objet de notre adoration en était l'appât. Mais quoi de mieux pour des adulateurs du grand André que d'incarner à vie l'un des membres de sa famille !! Voilà donc comment, comme les autres, nous avons accepté notre sort !!
FOERSTER 4

CONVERSATION AVEC ISABELLE FRANQUIN

RECUEILLIE PAR
GÉRARD VIRY-BABEL
ET PARASITÉE PAR
FRÉDÉRIC JANNIN | 2016

Dans les années 1970, Franquin ouvre ses portes à tous ceux qui le sollicitent : les fanzines pour un dessin, une interview, et même les simples lecteurs pour une dédicace ou simplement le rencontrer...

Isabelle Franquin : Il a toujours été comme ça ! Je ne sais pas pourquoi... C'est un trait de caractère.

Était-ce simplement une gentillesse naturelle ou avait-il aussi besoin de rencontrer ses lecteurs ?

I.F. (elle réfléchit un long moment) : Je crois qu'il aimait bien écouter les gens. Je crois qu'il aimait bien accueillir les jeunes car il les aimait bien. Je crois que c'était dans sa personnalité car quand des amis venaient me voir à la maison, on passait toujours par le salon où mon père lisait, et il les invitait invariablement à boire un petit verre et bavarder un moment, voire un long moment... J'ai plusieurs amis qui pourraient vous le raconter ! Il aimait bien échanger. Pour ce qui concerne les fanzines, il a vu ça d'un œil plein de sympathie parce qu'il trouvait l'enthousiasme de ces jeunes rafraîchissant ! Je pense que cela lui faisait plus plaisir de rencontrer ces gamins-là que des journalistes chevronnés...

Frédéric Jannin : Je ne crois pas que le but était d'avoir un reflet de son public. Ce n'était pas ça...

I.F. : Non, pas du tout.

F.J. : il était tellement humble, c'est quelque chose qui aurait été plutôt décalé avec sa personnalité.

I.F. : Tout à fait ! Il y avait aussi cette envie d'aider ces jeunes dans leurs publications. Parce que, curieusement, il a fait publier plusieurs de ses ouvrages, dont des ***Modeste et Pompon***, chez Glénat qui était alors un tout jeune éditeur, et mon père lui a fait une fleur en se faisant publier chez lui alors que c'était plus que probablement moins bien distribué qu'ailleurs. Il avait à cœur d'aider les jeunes. Un peu comme ces acteurs chevronnés qui font des films de débutants parce qu'ils trouvent l'idée chouette et qu'ils se fichent totalement et du nombre d'entrées et de leur cachet. Je pense que

En haut :
Photographie de Franquin et sa fille Isabelle dans les années 80

c'était ça son sentiment ! J'espère que Glénat, qui est devenu un gros éditeur, a à cœur d'aider les jeunes dessinateurs, ce serait une belle manière de perpétuer un certain état d'esprit.

F.J. : Je me souviens avoir croisé Glénat chez Peyo, à l'époque où il faisait son fanzine *Schtroumpf*. Peyo m'a dit « regarde celui-là, c'est un éditeur qui ira loin ! »...

I.F. : Pour en revenir à la question, je me souviens qu'il y avait une certaine « fraîcheur » chez ces petits jeunes qui venaient voir mon père. Et il y avait un contraste saisissant vis-à-vis des professionnels qui travaillaient avec lui. À cette époque c'était le début du merchandising, il commençait à y avoir une demande, d'abord pour des produits de papeterie et ensuite, le processus a commencé à partir en sucette, telle la demande d'illustration pour la pochette de « Guust & de Marsupilami » un 33 tours « célébrant » les exploits de ces deux personnages dans un style musical purement batave, si vous voyez ce que je veux dire...

F.J. : Le monde commençait à pourrir...

I.F. : Oui : le monde commençait à pourrir, et ces jeunes qui arrivaient étaient pour lui une véritable bouffée d'oxygène. C'est sûr et certain. Ils étaient l'enthousiasme à l'état pur, et je pense que ça l'intéressait, de répondre à leurs questions, de savoir ce qu'ils pensaient. Il y avait un vrai intérêt !

F.J. : ... Et l'école belge avait perdu sa fraîcheur aussi...

I.F. : Oui. C'était le moment où Thierry Martens était rédacteur en chef de *Spirou*.

F.J. : Le *Spirou* de l'époque était décevant pour Franquin. On parlait plus de droits d'auteur et de merchandising que de considérations artistiques et éditoriales...

I.F. : C'était le début mais ça commençait à sentir mauvais aussi avec les choix de Thierry Martens qui ne lui faisaient pas du tout plaisir : ce n'était plus le *Spirou* dans lequel il se reconnaissait. Du côté du merchandising, il avait beaucoup de mal avec Freddy Monnickendam et la Société SEPP qui était également régie par Jean-Luc Dupuis. Ce dernier est devenu, paraît-il, un voisin proche de l'homme d'affaires monégasque, Jean-François Moyersoen, qui a racheté les droits patrimoniaux de Franquin en 1986 et 1992, et s'était ensuite proclamé éditeur...

Non seulement il répond à quasiment toutes les sollicitations de ces fanzines, mais parfois il leur réalise une illustration de couverture, on le suppose gratuitement !

I.F. et F.J. ensemble : Oui, bien sûr !!

I.F. : Un jour, des gens de Paris qui lançaient un magazine qui s'appelait *Le CHA*, du nom de leur association, l'ont sollicité pour une couverture, ce qu'il a fait tout à fait gratuitement. Or CHA était l'acronyme de Comité Homosexuel d'Arrondissement. Je me souviens qu'il leur avait dessiné un chat superbe et le leur avait envoyé tout en se disant « chouette, on va croire que j'en suis !!! » ce qui le faisait énormément rire ! Et pour conclure la petite histoire, il n'y a pas eu de trace de publication de ce magazine et personne ne lui a restitué l'original de la couverture...

Ce qui est très drôle, c'est qu'il y a eu deux couvertures de Franquin pour *Fluide Glacial* : un dessin d'une case d'*Idées noires* grossie et un autre dessin de monstre fait sur un coin de nappe que Gotlib a « rechipoté [1] ». Les fanzines avaient des couvertures originales et le journal dans lequel il publiait rebricolait des dessins !

F.J. : Oui, d'ailleurs sur celle du monstre qui dit « Hello happy tax payers » on reconnaît bien le lettrage de Gotlib si je me souviens bien.

I.F. : Ha ha, mais quelle mémoire ! Quelle érudition ! Quel regard ! (Ils se marrent). Probablement que Marcel ne lui a tout simplement pas demandé, qu'il n'a pas osé.

Vous pensez que Gotlib a gardé une certaine timidité vis-à-vis de Franquin ?

F.J. : Oui, absolument. Franquin était un peu son dieu... Ils n'ont pas tout à fait été copains, je veux dire d'égal à égal, comme pouvaient l'être Franquin et Delporte par exemple.

I.F. : C'est vrai ? Mais ça n'est pas du fait de mon père. Si mon père avait appris ça il aurait été peiné car ce n'était pas du tout le style à se prendre « pour quelqu'un » et instituer une hiérarchie, pas du tout.

[1] Expression délicieuse piquée à Jannin.

F.J. : Enfin, ils s'entendaient quand même bien !

I.F. : Oh super bien !!

F.J. : Il y a eu de grandes rigolades ! D'autant qu'Yvan (Delporte) était souvent là quand ils se voyaient.

Au début des années 70, il y a en France l'émergence d'une nouvelle bande dessinée, plus libre, plus adulte (*L'Écho des savanes, Mormoil, Hara-Kiri*...). On sait que Franquin était très enthousiaste vis-à-vis de ces publications, d'autant que ça ne bougeait pas des masses en Belgique. Pourquoi, en dehors du *Trombone illustré*, ne s'est-il pas lancé corps et âme avec Gotlib ou d'autres ?

I.F. : Je sais qu'il a eu des bons contacts avec Cavanna. Il achetait et lisait *Charlie Hebdo* chaque semaine, mais je pense qu'il sentait que ce n'était pas sa place, qu'il n'était pas tout à fait dans le même esprit qu'eux. Mais il aimait beaucoup ce qu'ils faisaient.

F.J. : Je ne voudrais pas trop m'avancer mais je pense aussi que Liliane n'aurait pas trop apprécié qu'il collabore à *Hara Kiri*...

I.F. : Oui, c'est vrai ! Tu as raison ! Ma mère n'appréciait pas qu'il lise *Charlie Hebdo*. Probablement qu'elle n'aurait pas aimé ça ! Mais je laisse à Frédéric la responsabilité de ces propos ! (Ils se marrent de bon cœur.) Enfin s'il n'aurait sans doute jamais collaboré à *Charlie Hebdo*, avec *Fluide Glacial* c'était plus évident car c'était un magazine d'humour pur, pas un journal satirique et politique.

F.J. : C'est aussi la grande amitié qui est née entre Gotlib et Franquin qui est le vrai lien vis-à-vis de *Fluide*, ce n'était pas un choix stratégique...

I.F. : Probablement que mon père avait besoin d'un vrai lien humain qu'il avait perdu chez *Spirou*. À *Spirou*, il n'y avait plus de vrais rapports humains, c'était revendu, froid, technique... Et dans *Spirou*, il y avait ***Les Petits Hommes*** de Seron qui semblait à mon père comme une pénible réplique de ses propres dessins, tel un miroir déformant. Beaucoup d'autres d'ailleurs ont « repris » et imité le style Franquin. *Spirou* était même devenu « toxique » d'une certaine manière pour mon père... Lire *Spirou* était pour lui presque une souffrance ; il s'était énormément investi avec ***Spirou*** puis ***Gaston*** mais aussi l'animation du journal : on ne se rend pas compte du travail qu'il abattait ! Dès que le journal avait quelque chose à présenter : « *Bah on va demander à Franquin...* »

F.J. : On peut même dire qu'il a « servi la soupe » pendant longtemps à beaucoup de dessinateurs...

Comment se sont manifestés ses épisodes de dépression ?

I.F. : L'origine, c'est le« burn-out » en 61, au milieu de ***QRN sur Bretzelburg***. À cette époque il s'était mis – pour une fois – au bricolage et ça a mal tourné... Il a employé un produit qu'il ne fallait pas inhaler, et il a eu par la suite de gros pépins de santé après cet épisode. Cela a dégénéré en « burn-out » car il abattait énormément de travail et il a été forcé de se mettre au vert... Ce n'est pas tout à fait ce qu'on peut appeler une « dépression nerveuse » : j'avais quatre, cinq ans à l'époque, et je peux vous dire que je n'ai à aucun moment le souvenir d'un papa dépressif ni même triste ! Pourtant les enfants ont des antennes... J'étais même plutôt contente car il était là tout le temps et j'en ai bien profité ! C'était un papa extrêmement drôle, inventif, attentif, vraiment très présent et qui ne donnait pas le sentiment qu'il était dépressif.... En revanche, en 75, il a eu son infarctus et là je l'ai ressenti. J'ai ressenti qu'il avait eu un choc en découvrant la fragilité de sa santé, et son moral en a pris un gros coup. Mais personne ne parle de cette période-là. Ce n'est qu'en 1982 qu'il a eu, pour le coup, un vrai épisode de dépression nerveuse. Mais ce n'était pas un dépressif chronique, il faut bien qu'on se mette ça dans la tête ! Mon père était quelqu'un qui était super drôle, qui avait une vision ironique, sardonique, et drôle de l'existence. Si vous connaissez le film ***Toto le héros*** de Jaco Van Dormael, et bien le papa de Toto s'apparente clairement à mon papa !

«mon père n'était pas un dépressif chronique, il faut bien qu'on se mette ça dans la tête !»

Il n'est donc pas le « Clown triste » qu'on a beaucoup décrit depuis les années 70...

I.F. : Oh, la barbe avec ça... C'est vraiment un cliché nul...

Pensez-vous que l'épisode de 75 ai eu la moindre incidence sur les *Idées noires* ?

I.F. : Non. Très franchement je pense que ça n'a rien à voir. C'est vraiment un souci de santé et c'est le sentiment de la fragilité de l'existence. C'est tout à fait existentiel. Je relie les ***Idées noires*** clairement aux reportages qu'il a lus dans le magazine *Life* qu'il lisait assidûment, et en particulier celui du photographe Eugene Smith sur Minamata. C'est cette pollution des eaux au Japon qui a provoqué des malformations affreuses chez la population de cette région contaminée. Je me rappelle très fort son indignation.

Page de gauche, en haut : Couvertures de Franquin pour *Fluide Glacial* (*FG* n° 18 et *FG* n°39)

en bas : Frédéric Jannin et Isabelle Franquin (2016)

Page de droite, en bas : Franquin, professionnel jusqu'au bout, testant un gag de Gaston

Dans le texte, en haut :
Franquin lors de son passage au « Tribunal des flagrants délires » dans les années 80

colonne de droite, en bas :
Illustration de Franquin après son infarctus en 1975

Vous savez pour réaliser les bandes dessinées comme il les faisait, il fallait qu'il ait de l'empathie pour l'humanité, pour les ancrer si bien dans le monde… Donc avec une empathie pareille et une grande sensibilité, quand on tombe sur un reportage comme ça, on est anéanti. C'est une grosse claque… Je m'en rappelle très clairement car quand il l'a lu, il était réellement décomposé. Il pouvait pleurer devant ça. Quand plus tard il y a eu l'affaire Dutroux en Belgique. L'enquête avait été mal menée et une enquête sur l'enquête avait eu lieu. Les débats de cette commission étaient retransmis à la télévision. C'était dans les derniers mois de l'existence de mon père et, quand il regardait cela, il pleurait ! Il avait une immense empathie et une immense sensibilité qui faisaient qu'il arrivait à se mettre à la place des gens. Ça pouvait lui faire mal d'une manière qu'on ne soupçonne pas. Il était très paternel : il se mettait à la place des parents et ça provoquait chez lui une tristesse abyssale…

F.J. : L'empathie, c'est d'ailleurs la clé de son boulot : chaque personnage secondaire dans ses bandes dessinées est travaillé, a une personnalité propre : il les « connaît » tous, il les ressent. Il y a une hyper sensibilité qui est au service du rire mais le rire est probablement là aussi comme un « kit de survie » pour lui. Et il a raison car il y a de quoi pleurer tout le temps ! D'ailleurs il m'a montré une fois comment pleurer sur commande : il était capable d'aller chercher dans son cerveau le truc qui allait provoquer l'émotion. Je pense que cette hyper sensibilité était d'une certaine manière un instrument aussi dans son travail.

I.F. : C'est vrai, il arrivait à le faire. C'était d'ailleurs un excellent comédien. Chaque fois que je l'ai vu prendre un texte et le réciter, c'était formidable. On peut l'entendre d'ailleurs quand il fait son plaidoyer dans « le Tribunal des flagrants délires » où il fut invité dans les années 80.

Cette empathie avec le monde se traduit, dans les *Idées noires* en particulier, par une sorte d'indécision entre optimisme et pessimisme.

I.F. : Parfaitement. Mais le monde était très manichéen à l'époque. On sortait de la guerre, qui a marqué sa jeunesse. A suivi une période d'intenses progrès, je pense à l'exposition universelle de Bruxelles en 1958, avec une espèce de foi dans la science qui pouvait tout guérir, tout transcender… Au final on s'est retrouvés, par exemple, avec les voitures, formidables outils pour se déplacer – et Dieu sait si mon père a eu de belles voitures et s'il aimait leurs lignes et le fait de les conduire ! – qui se sont révélées un poison polluant le monde ! C'est toute cette évolution dont il prend conscience d'une certaine manière. Les *Idées noires* sont l'aboutissement d'une prise de conscience. Franquin avait conscience de la souffrance des gens et assez d'empathie pour se mettre à leur place.

Vous pensez qu'il essayait de provoquer une prise de conscience ou que c'était – comme pour Luz après les attentats de *Charlie Hebdo* – une *Catharsis*, un moyen de convertir les horreurs en humour, de les conjurer d'une certaine manière ?

I.F. (perplexe): Je pense que cela lui faisait tellement mal de voir les choses évoluer vers leur perte qu'il avait besoin de s'en distancier par le rire, par l'ironie, par un esprit sarcastique. Mais il n'y a pas que des *Idées noires* sur l'actualité, il y en a aussi qui traitent de sujets plus larges, plus existentiels comme ces personnages qui bondissent de plateformes en plateformes, lesquelles rétrécissent jusqu'à ce qu'ils tombent ou s'empalent sur la dernière qui est aussi fine qu'une aiguille…

Il y a même des *Idées noires* qui se finissent plutôt bien…

I.F. : Oui ! Comme le poulet grand-mère (cf page suivante) ! Enfin moi je trouve que ça finit bien ! Hu hu…

PROPOS RECUEILLIS PAR **GÉRARD VIRY-BABEL**
À BRUXELLES LE 26 SEPTEMBRE 2016

IL NE FAUT PAS CONFONDRE FLICS ÉLECTRIQUES ET POULETS DE BATTERIE.

...JE VOIS QUE VOUS AUSSI, VOUS AVEZ VOULU ACCOMPAGNER NOTRE ANCIEN AMI À SA DERNIÈRE DEMEURE...
OUI, À TITRE PERSONNEL ET SENTIMENTAL...
EN ASSEMBLÉE, NOUS AVONS RENONCÉ À ENVOYER UNE DÉLÉGATION. VOUS ME COMPRENEZ...
HÉ, OUI... CETTE FAMEUSE SÉANCE D'IL Y A DIX ANS...
...OÙ IL SE MIT LUI-MÊME AU BAN DU MONDE SAVANT SÉRIEUX.
...LE TOLLÉ QUAND IL PROCLAMA QU'IL AVAIT RÉALISÉ LE MOUVEMENT PERPÉTUEL! HOHOO!
...ET QU'IL AVAIT FABRIQUÉ UNE MACHINE QUI NE S'ARRÊTERAIT JAMAIS!... IMPOSSIBLE, HÉLAS, DE NOUS LA MONTRER: "ELLE LUI AVAIT ÉCHAPPÉ!" HAHAHA!
JE LE VOIS ENCORE, FURIEUX, DÉCHIRANT SES PLANS ET SES NOTES, SOUS LE FOU RIRE GÉNÉRAL. IL NE S'EN EST JAMAIS REMIS...
OUI, CE FUT LA FIN DE SES TRAVAUX...
ET C'EST DOMMAGE, MON CHER, CAR IL FAUT RECONNAÎTRE QU'IL FUT UN CHERCHEUR GÉNIAL... TRÈS EN AVANCE SUR SON TEMPS, DANS DIVERS DOMAINES: MINIATURISATION DES CIRCUITS, INTELLIGENCES ARTIFICIELLES, UTILISATION D'ÉNERGIES ORIGINALES...
BOF! DISONS AUSSI QU'IL ÉTAIT FOU...
L'INVENTEUR DU MOUVEMENT PERPÉTUEL...
...N'AURA MÊME PAS UNE CONCESSION À PERPÉTUITÉ...
PING PING PING BZZZ SCHLINK TRRAC BZZZ PING
...TOUTE CETTE SCIENCE ET TANT DE RECHERCHE POUR NE RIEN LAISSER DERRIÈRE SOI...
PING PING BZZZ SCLING TRAK
58
Franquin

MERCI, FACTEUR
WOUAH ! LA MINIATURISATION, C'EST DINGUE : ON PEUT, AUJOURD'HUI, SE PROCURER...
ILS FABRIQUENT MÊME DES PUCES ÉLECTRONIQUES CES CONS !!
...CERTAINS GADGETS À PEINE VISIBLES QUI DONNENT DES POUVOIRS...MAGIQUES !
ÇA TOMBE PILE ! CE SOIR, IL EST INVITÉ CHEZ SES MEILLEURS AMIS : IL VA POUVOIR ESSAYER LE BIDULE
JE ME MARRE À L'AVANCE !
PAF
SACRÉ HECTOR !
MON CHEEEER,
ILS VEULENT ABSOLUMENT TE CONNAÎTRE
LE PETIT ÉMETTEUR SURPUISSANT ICI, PARMI LES CAILLOUX DU BONZAÏ... HIHI !
...BIEN VRAI ? TU DOIS DÉJÀ NOUS QUITTER ?! LÀ CHEUR
BYBYE !
PSSWIIUIJCH
LA PORTE SE REFERME... VOILÀÀÀ ! VITE !
ÇA MARCHE ! ET C'EST CLAIR : ON RECONNAÎT LES VOIX ...
AH ! DIS DONC, ELLE EST UN PEU VACHARDE, MARIE-ODILE.
ET QUI LUI RÉPOND ? OUAIS ! C'EST MON VIEUX COPAIN ALFR !!
AH ! MERDE ! ELLE NE FINIT PAS BIEN ...
... L'HISTOIRE DU GARS QUI A VOULU ESSAYER L'APPAREIL À ENTENDRE CE QU'ON DIT DE VOUS QUAND VOUS VENEZ DE PARTIR.
63
SALE PARANO ! Y EN A BEAUCOUP QUI N'AVAIENT JAMAIS PENSÉ À ÇA !
Franquin

IL NE FAUT PAS CONFONDRE VOL D'AFFAIRES ET ARNAQUE DANS LE BIZNESS.

IL NE FAUT PAS CONFONDRE MAISON CÂBLÉE ET BAISONS CALMÉS PAR FERRI | 1999

C'EST LA GUERRE !

PAR **GÉRARD VIRY-BABEL** | 2016

Franquin était un humaniste et, par conséquent, foncièrement antimilitariste. Il n'a d'ailleurs pas attendu ses *Idées noires* pour l'affirmer.

En 1947, paraît dans l'almanach Spirou ***Fantasio et son Tank***. C'est le tout premier épisode de Spirou dessiné par Franquin un an plus tôt, et dont le trait reste encore fidèle à celui de Jijé[1]. L'histoire de cette bande est on ne peut plus explicite : au lendemain de la Seconde Guerre mondiale, Fantasio achète dans une brocante un char américain à un G.I. désœuvré. Incapable de maîtriser l'engin, Fantasio détruit tout sur son passage…

En haut et colonne de gauche : Cases extraites de l'album *Radar le Robot* de Franquin

colonne de droite : *Spirou* n° 1881, 1974

La même année paraît ***Le Savant-Fou***[2] où Franquin va encore plus loin. L'adversaire de Spirou est un inventeur fou qui veut faire se consumer l'atmosphère à l'aide d'une bombe terrifiante. On y découvre un Spirou agressif et déchaîné, boxant, frappant, prêt à tout pour entraver les plans du professeur Samovar. À la fin de l'épisode, aux prises avec Radar, un puissant robot créé par le professeur, Spirou – fait unique dans la série – manie la mitraillette et le bazooka avec dextérité mais sans effet sur le robot qui sera finalement vaincu par l'ingéniosité du héros. En contraste avec l'attitude un peu « sauvage » de Spirou, le robot, brillamment croqué par Franquin, a parfois sous sa mécanique calme et posée des attitudes plus humaines…

Si Franquin parsème par la suite ses bandes ici ou là de petits détails où son antimilitarisme transparaît, on ne peut pas dire qu'il utilise son œuvre comme un plaidoyer… En revanche, au début des années 70, il est révolté par la représentation permanente de la guerre dans le journal *Spirou*, la surenchère de récits aux relents militaristes et la promotion de maquettes d'engins guerriers tel le Messerschmitt MR 262 A des nazis présenté comme « un merveilleux appareil »… En réaction, il réalise en 1976 une planche de ***Gaston*** (page de droite) qui se passe de commentaires…

Il va sans dire qu'avec les ***Idées noires*** son propos deviendra naturellement plus militant sur le sujet…

[1] Histoire publiée dans l'album ***L'Héritage***. Jijé propose à Franquin de reprendre la série. Satisfait, il lui abandonnera la franchise.
[2] Histoire publiée en album en 1976 sous le titre ***Radar le Robot***.

... C'EST ÇA ! PENDANT QUE NOUS TRAVAILLONS, LUI, IL ASSEMBLE GENTIMENT DES P'TITS NAVIONS EN PLASTIQUE !
BOÔF ! QUE VEUX-TU ?... TOUTES LES SEMAINES, IL EN VOIT DANS SPIROU ET AILLEURS... C'EST UNE MODE, IL EST MORDU, QUOI ...
AH ! MAINTENANT, LES CROIX GAMMÉES... 'PARAIT QUE CE SONT LES MODÈLES À CROIX GAMMÉES QUI ONT LE PLUS DE SUCCÈS...
...CHEZ LES DÉBILES ...
BANG
PANG
AAAHH!
PETT
POF
ROGNTUGNI!!!! ROGNTUGNI!!!! ...
BINQUOI ?! CEUX QUI FOURRENT DE CES BIDULES GUERRIERS PLEIN LEURS ILLUSTRÉS, 'FAUT BIEN, DE TEMPS EN TEMPS, QU'ON LEUR RAPPELLE À QUOI SERVENT CES MERVEILLES...
...D'AILLEURS, JE COMMENCE UN AMX 30 AVEC LANCE-FLAMMES INCORPORÉ... VOUS M'EN DIREZ DES NOUVELLES !
827
Franquin

IL NE FAUT PAS CONFONDRE ALCOOLISME ET DÉFONCE NATIONALE.

NI FUSÉE AIR-SOL ET MISSILE ANTI-DOMICILE.

IL NE FAUT PAS CONFONDRE MESSIE ET PUISQUE JE VOUS LE DIS !
CE JOUR EST LE JOUR LE PLUS IMPORTANT DE TOUTE L'HISTOIRE HUMAINE, LES ENFANTS ! AUJOURD'HUI EST ARRIVÉ DANS NOTRE GALAXIE UN DIEU ! VOUS SAVEZ, UN ÊTRE TOUT-PUISSANT ET INFINIMENT BON...
...ALORS, IL SE PASSE DES CHOSES FOLLES...
FLOTCH
MAIS !?! ÇA SENT LA...
BÊÊÊÊ ! JE SUIS PLEIN DE...
DEUX CENT SOIXANTE TONNES DE MERDE DANS LES SILOS DE CETTE BASE...
COMME JE SAIS CE QU'ONT COÛTÉ LES FUSÉES, CAMARADE GÉNÉRAL, JE VOUS CALCULE EN ROUBLES LE PRIX AU KILO DE CETTE MERDE...
OTCTOЙ
EKSKREMENTER
STRONT !
LE COMMANDANT A-T'IL COULÉ AVEC LE REDOUTABLE ?
NON, ÇA FLOTTE... IL EST EMMERDÉ !
大便
MERDA !
MIERDA
...IT ALL TURNED TO SHIT !
MERDE ! C'ÉTAIT UN RÊVE... LE CAUCHEMAR, C'EST QUAND ON S'ÉVEILLE...
46
Franquin

...RAPPELEZ-VOUS : C'EST UNE IDÉE QUE J'AI EUE IL Y A DIX ANS !...
UNE GRANDE IDÉE, MONSIEUR LE MINISTRE !
... LORS DE MON PREMIER PASSAGE À LA DÉFENSE NATIONALE ...
JE VOULAIS ABSOLUMENT FAIRE CET ESSAI MOI-MÊME ! HÉLAS ! JE N'AVAIS PAS... LA CORPULENCE RÉGLEMENTAIRE. JE SERAI LÀ-HAUT, DE CŒUR AVEC VOUS !
MONTONS À LA TOUR DE CONTRÔLE POUR DIRIGER L'OPÉRATION...
TCHOP
TCHOP
TCHOP
TCHOP
TOUR DE CONTRÔLE À HÉLICON VOUS DÉCLENCHEZ L'EXPÉRIENCE À MON COMMANDEMENT... CONCENTREZ-VOUS BIEN ! ATTENTION : 5, 4, 3, 2, 1... ZÉRO !
TCHOP TCHOP TCHOP TCHOP TCHOP TCHOP
...SI, SI ! C'EST UNE BONNE IDÉE, LE SIÈGE ÉJECTABLE POUR HÉLICOPTÈRES... C'EST LA RÉALISATION QUI ...
IL Y A DIX ANS QUE JE LE DIS : C'EST POSSIBLE, MAIS VERS LE BAS ...
ALLEZ ! NETTOYEZ ET DÉCOREZ ...
61
IDÉE : IDE

LE TROMBONE ILLUSTRÉ

J'EXISTE, JE L'AI RENCONTRÉ

PAR **FRÉDÉRIC JANNIN**

Page de gauche,
à gauche :
Annonce du *Trombone illustré* dans le *Spirou* n° 2033, 1977

colonne de droite :
Le Trombone illustré n° 3, 1977

Page de droite,
en haut :
Recherche pour le titre du *Trombone illustré* n°22, 1977

en haut à droite :
Premiers dessins de Franquin au Rotring

colonne de gauche :
Jijé grondant Franquin, par Jannin

colonne de droite :
Le personnage de Franquin qui a attiré les foudres de Jijé

Sur les deux pages, en bas :
Illustration qui accompagnait l'idée noire du *Trombone illustré* n°2, 1977

Au début des années 1970, le journal *Spirou* a changé. Il déçoit d'ailleurs beaucoup Franquin.

Yvan a été lourdé en 1969 (entre autres parce qu'il s'était moqué des publicités pour l'armée dans le journal) et il faut bien dire que le nouveau rédacteur en chef (Thierry Martens) se situe exactement à l'opposé de son prédécesseur.

L'autre problème, à la mi-70, c'est qu'Yvan et Franquin se sentent tout doucement passer du côté ringard de la bédé. Une nouvelle génération de Français est en train de prendre le dessus. C'est en 1968 que Marcel Gotlib et Claire Bretécher verront pour la première fois Franquin lors d'un concours « Construisez votre Gaffophone » pour *Spirou*. Claire est la première à s'indigner de cette ringardisation de l'école belge. Je la vois encore me dire qu'ils ont tort d'être complètement maqués par la nouvelle vague d'auteurs français parfois un poil arrogants…

Allez, une anecdote en passant. En 72, Peyo, sachant que je suis bédéphile, me propose de m'abonner à un petit magazine mensuel lancé par des amis / collègues français. Ni une ni deux, je fais partie des premiers abonnés à *L'Écho des savanes*. Quand Peyo voit que c'est rempli de bites et de blagues qui dépassent les limites jusqu'alors infranchissables, il a la trouille que mes parents viennent le trouver. Heureusement pour lui, mes parents trouvent ça plutôt marrant…

En 76, Delporte et Franquin décident de proposer à Charles Dupuis (les éditions appartiennent toujours à la famille Dupuis) un supplément « pirate » à *Spirou*, irrévérencieux, libre et indépendant. Ce sera *Le Trombone illustré*. Un vrai pont entre les auteurs belges et français (et autres, comme Grzegorz Rosinski) du moment qu'ils plaisent à Franquin et Delporte. La première réunion du *Trombone* se déroule chez moi, avec Sirius, Franquin et Delporte. Ils ont vu mes dessins dans les journaux rock et me demandent de participer au *Trombone* ! Avec Culliford, ce seront les débuts de ***Germain et nous.***

C'est l'occasion pour Franquin de sortir un peu de la « routine » Gaston et de se lancer chaque semaine dans un titre foisonnant et dans une série trempée dans le charbon : ***Idées noires***.

On dit que le but était d'être plus direct, moins chipoteur, d'aller plus droit au but. Mais on ne se refait pas et Franquin, qui croyait aller vers plus de facilité, va s'emberlificoter dans un style encore plus pinailleur, ajoutant de la matière dans chaque petit détail, grâce à un stylo à encre de Chine minutieux, le Rotring. La légende raconte que je serais le premier à avoir montré cet instrument nouveau à Franquin. Isabelle, sa fille, m'en tient encore rigueur. Selon le point de vue, j'ai de quoi en tirer toute la vanité possible et aussi d'en être plutôt embarrassé si l'on considère que ça n'a pas aidé le maître à bâcler comme il l'envisageait.

Une autre scène vibrante : Joseph Gillain (Jijé) est venu visiter Delporte et Franquin dans la cave de chez Spirou (où se trouvait la rédaction du *Trombone illustré*). Et je l'ai vu gronder Franquin pour oser se moquer des ecclésiastiques (un évêque marrant faisait partie du générique dans les titres du *Trombone*). J'ai vu ce jour-là Franquin un peu rougissant, les doigts enchevêtrés, devant les yeux froncés de son père spirituel. « Enfin, André ! On ne se moque pas de la religion ! »

Le Trombone a publié 30 numéros et lorsque l'aventure s'arrête, Gotlib propose à Franquin de poursuivre les ***Idées noires*** dans *Fluide*. C'est vraiment grâce à Marcel qu'il y a eu plus que 30 idées noires. Encore un bienfait pour la planète.

PENDANT CE TEMPS À LANDERNEAU

« Juste après *Le Trombone*, Yvan et Franquin se sont lancés dans la création d'un supplément au mensuel *À Suivre*. Ça s'appelait *Pendant ce temps à Landerneau*. Ceci est une illustration de titre que Franquin a réalisée au Rotring et qu'il m'a presque immédiatement refilée, tellement il la trouvait moche… L'original fait 215 mm sur 120 mm et a été publié à 180 x 100 mm. » (Jannin)

UNE IDÉE NOIRE PAR HAUSMAN | 1977

Dans *Le Trombone illustré*, le gros de la participation graphique de Franquin était les titres et les ***Idées noires***. Mais de temps en temps, il arrivait que les petits jeunes prennent le relai. Ça faisait partie de l'état d'esprit du journal. Yvan Delporte avait décidé que les collaborateurs du *Trombone* seraient payés en fonction de l'espace qu'ils remplissaient dans le journal et non en fonction de la notoriété ou de la quantité d'albums vendus...

De même, le titre et les rubriques appartenaient, en quelque sorte, à tout le monde. Si quelqu'un arrivait avec un sujet intéressant pour les ***Idées noires***, Delporte acceptait. Tout le monde pouvait s'approprier n'importe quoi, mais, sans rentrer dans les détails, l'esprit se voulait à l'opposé de celui du reste du journal (*Spirou*). Il y a eu en tout trois Idées noires en plus de celles de Franquin : une de Hausman, une de Dany et Delporte et une de Didgé.

J'ai fait un titre du *Trombone illustré*, Dany et Hausman en ont fait également. C'est aussi parce que Delporte avait un peu de compassion ! Il se rendait compte que Franquin s'épuisait les dessiner et il fallait le ménager... Il faut comprendre que le titre du *Trombone*, très complexe à réaliser techniquement, lui prenait un temps fou.

FRÉDÉRIC JANNIN

IL NE FAUT PAS CONFONDRE OISEAUX RAPIDES ET GOÉLANDS.

?!?
C'EST LA PREMIÈRE FOIS QU'ILS SONT MÉCHANTS, LES BIPÈDES !?! ATTENDS !... CELUI-CI, JE VAIS TE ME LE...
NATURELLE DE LA GAUCHE...
OLÉ
MERDE !
OLÉ
PASSE HAUTE DE LA DROITE...
MERDE !
O...!
CORNADA EN LAS ROUBIGNOLÈS ...
MUY BIEN HECHO !
OLÉ
OLÉ
OLÉ
SLAF
CORTÓ DOS OREJAS Y ZIZI !
...SISI ! REGARDEZ VOUS-MÊME... IL A EU LES DEUX OREILLES ET LA QUEUE !
53
IDÉE: ROBA
Franquin

IL NE FAUT PAS CONFONDRE PROFOND ATTACHEMENT ET HAUTE FIDÉLITÉ.

Parue dans le troisième numéro du *Trombone illustré* (*Spirou*, n°2033), cette Idée noire a eu un parcours particulier.

Lorsque Gotlib republie les 11 premières Idées noires du *Trombone* dans le *Fluide Glacial* n°18, il choisit celle-ci pour figurer en quatrième de couverture du journal. Sauf que cette histoire de loups était dessinée sur une demi-page...

Gotlib prit donc la liberté de la remettre en page, en dédoublant et recadrant subtilement la première case d'une part puis en décalant une bulle sur la case dédoublée histoire de brouiller les pistes… Franquin ne lui en tint pas rigueur, même si Gotlib n'en était pas à son coup d'essai (voir interview de Gotlib et Franquin). C'est la version Gotlib de cette idée noire qui figure encore aujourd'hui dans l'intégrale.

GÉRARD VIRY-BABEL

RIEN NE SERT DE POURRIR, IL FAUT MOURIR À POINT PAR PIXEL VENGEUR | 2016

PIXEL VENGEUR D'APRÈS Franquin

IL NE FAUT PAS CONFONDRE LE SOURIRE DU FISTON ET LES DENTS DE LA MER.

WEEK-END AU GRAU-DU-ROI PAR ÉDIKA | 2016

WOPOPOP!
HOLA
HOLA
HOLA
ET MERDE
PLITCH
BON BEN...
PLOTCH
NON NON BORDEL PAS ÇA ! PAS ÇA!
VIENS LÀ MON P'TIT BONHOMME
GORGL CORIACE CE PLANCTON
2

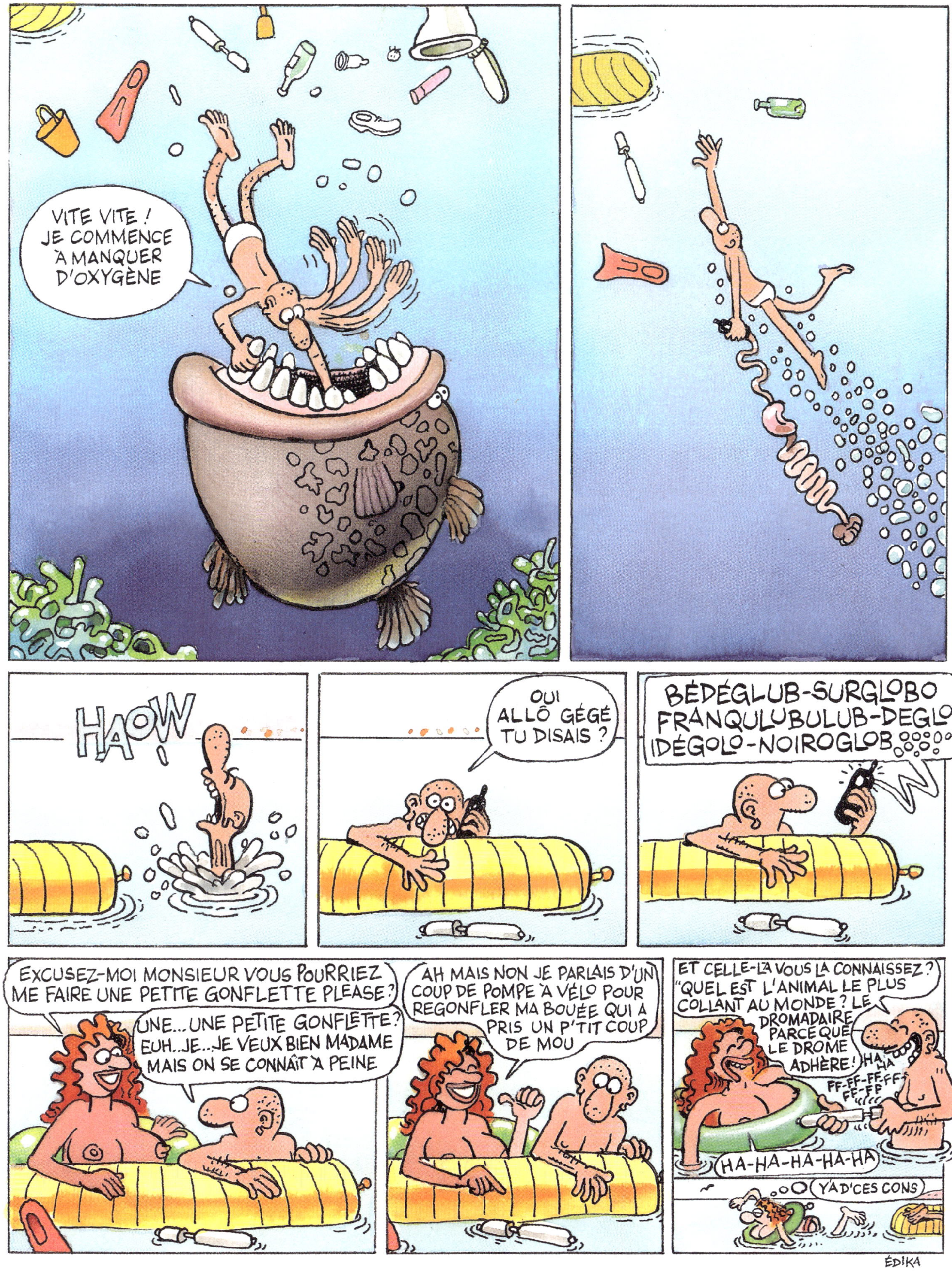
VITE VITE ! JE COMMENCE À MANQUER D'OXYGÈNE
HAOW
OUI ALLÔ GÉGÉ TU DISAIS ?
BÉDÉGLUB-SURGLOBO FRANQULUBULUB-DEGLO IDÉGOLO-NOIROGLOB
EXCUSEZ-MOI MONSIEUR VOUS POURRIEZ ME FAIRE UNE PETITE GONFLETTE PLEASE ?
UNE... UNE PETITE GONFLETTE ? EUH... JE... JE VEUX BIEN MADAME MAIS ON SE CONNAÎT À PEINE
AH MAIS NON JE PARLAIS D'UN COUP DE POMPE À VÉLO POUR REGONFLER MA BOUÉE QUI A PRIS UN P'TIT COUP DE MOU
ET CELLE-LÀ VOUS LA CONNAISSEZ ? "QUEL EST L'ANIMAL LE PLUS COLLANT AU MONDE ? LE DROMADAIRE PARCE QUE LE DROME ADHÈRE !
HA HA
FF-FF-FF-FF-FF-FF
HA-HA-HA-HA-HA
Y'A D'CES CONS
ÉDIKA

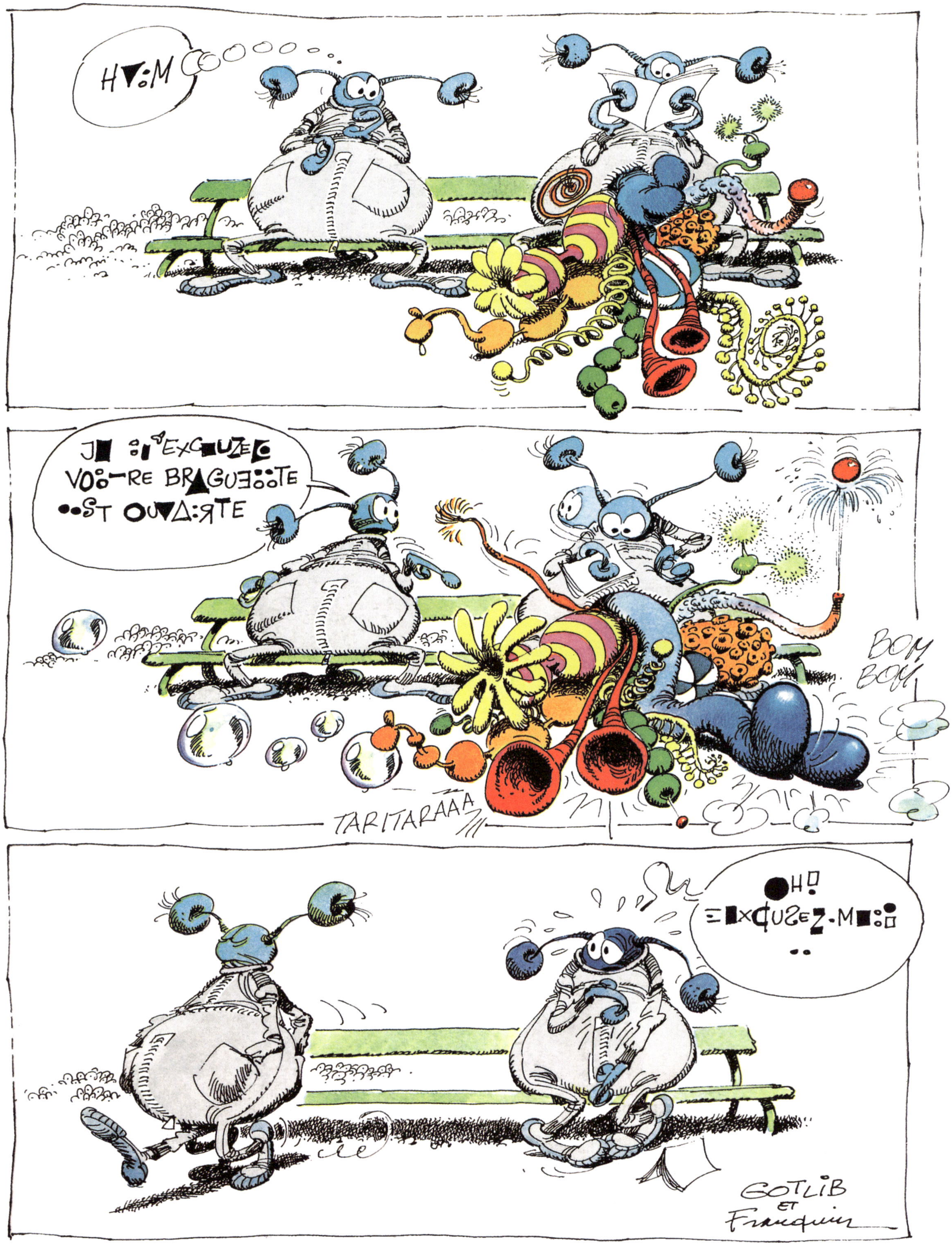
TARITARAAA
BOM BOM
GOTLIB ET Franquin

ENTRETIEN AVEC MARCEL GOTLIB

PROPOS RECUEILLIS PAR
LAURENT BOILEAU ET **ERIC VERHOEST** | 2005
REVUS ET CORRIGÉS PAR **MARCEL GOTLIB** | 2016

Quelle a été la réaction de Franquin à la sortie de *L'Écho des savanes*?

À notre grande surprise, c'est le seul des vétérans de l'époque qui a eu une réaction extrêmement positive. Pour les gens de sa génération ça ne passait pas. Je me souviens que Gillain (Jijé) avait dit « *on n'a pas le droit de faire ça! Au restaurant devant des frites, des moules et de la bière, sur une nappe en papier, oui, mais pas dans le travail!* ».
Le seul qui nous a immédiatement contactés pour dire qu'il s'était marré comme une bête c'était Franquin justement. Ce n'est pas très étonnant quand on l'a connu : il était très large d'esprit, et s'il avait travaillé dans un support pour un lectorat un peu plus averti, peut-être l'aurait-il fait aussi… Je ne veux pas critiquer *Spirou*, mais c'était quand même un journal destiné à un jeune lectorat et qui ne pouvait pas se permettre d'aborder ce genre de sujet. Cependant vers la fin, Franquin commençait déjà, avec M'oiselle Jeanne (la fiancée de Gaston) à parler de ces choses-là… bon enfin… pas méchantes mais… pas vraiment dans "l'esprit *Spirou*". C'est aussi le cas avec sa production dans *Le Trombone illustré*.

Quand il vous a félicité, vous avez l'impression qu'il a eu envie de faire partie de cette aventure ?

Je ne sais pas … Ce n'est pas impossible. D'ailleurs ça s'est concrétisé plus tard avec *Fluide Glacial*. Mais bon… La seule réaction fut verbale… Pas tout à fait d'ailleurs puisque, quand il a fait cette fameuse quatrième de couverture de *Fluide*, je lui ai demandé très timidement – on était assez amis, mais enfin c'est le genre de truc délicat à demander – s'il ne voulait pas m'en faire cadeau, il m'a dit « *bien sûr tu la gardes!* », et instantanément je lui ai répondu « *eh bien pour la peine, choisis une planche dans mes albums et si je l'ai encore (à l'époque on distribuait les originaux aux quatre vents…) je t'en fais cadeau en échange* ». Dans mon idée je me disais qu'il allait prendre quelque chose dans la ***Rubrique-à-Brac***, enfin dans ce que moi je considérais comme ayant fait de plus intéressant. À ma grande surprise il a pris une des pages les plus anodines au niveau de ma technique et de mon esprit (dans la ***Rubrique-à-Brac*** particulièrement) : un truc qui n'a plus aucun rapport avec "Gotlib". Un jeune qui verrait cette page maintenant ne saurait pas que c'est moi qui l'ai faite : c'est une page parue dans *L'Écho des savanes* et qui parodiait une pub qu'on entendait beaucoup à la radio. Un cuisinier qui préparait un minestrone avec des brocolis, … une « cochonnerie » volontairement gribouillée, et dessinée comme par un débutant!

Quand il m'a dit ça, je lui ai demandé : « *T'es sûr? Ce n'est pas ce que j'ai fait de mieux en BD…* » et il m'a répondu : « *Tu peux pas savoir à quel point je me suis marré quand j'ai lu cette page et c'est celle-là que je veux.* »

Vous avez eu d'autres effets de surprise avec Franquin ?

Non, les surprises c'est chaque fois que je voyais une de ses pages! Quand on recevait sa page d'***Idées noires***. Et la plus grande c'est quand j'ai découvert Franquin… En album et dans *Spirou*. C'était quelque chose de grandiose pour moi. C'est mon Maîîîîîîîîîîîîîîîîîîîîître!

En haut :
Franquin vu par Gotlib pour la préface de l'album *Idées noires*

en bas dans le texte :
Extrait de l'histoire « Et maintenant, une page de publicité », *intégrale Rhâââââ Lovely & Gnagna*

C'était quoi Spirou & Fantasio au moment où vous le découvrez ?

J'ai découvert le journal d'abord distraitement : je n'étais pas richissime à l'époque… Je ne l'achetais pas régulièrement… Pour moi ça formait un tout, je ne regardais pas le journal avec une loupe… Les vraies découvertes c'était quand je suis revenu de l'armée et que j'ai acheté mes premiers albums de Spirou & Fantasio. Celui que j'ai préféré c'est ***QRN sur Bretzelburg***. Il a d'ailleurs fait sa grande déprime en dessinant cet album et ça se sent, c'est tellement crispé : il y a une telle volonté de détail, c'est inimaginable !

À votre mur vous avez une planche atypique de Franquin réalisée d'après votre scénario, quelle est son histoire (page 54) ? Comment bascule-t-il, comment va-t-il « un cran plus loin » dans sa production ?

C'est un peu ce qui me fait dire que s'il avait eu vingt ans de moins – avec des si on peut refaire les journaux… Enfin c'était une époque où il avait interrompu son travail pour des raisons peut-être de santé (comme je viens de le dire). À l'époque, il y avait beaucoup de petits journaux qui fleurissaient partout, et *Fluide Glacial* était dans le tas. Tous ces canards se ruaient comme un seul homme sur Franquin avec des lettres gentilles du genre « *Ne pourrais-tu pas nous dessiner un petit truc ? Juste pour les abonnements, le sommaire…* ». Tout le monde mendiait un petit dessin de lui. Moi je lui ai carrément envoyé ce truc sous forme de scénario gribouillé en me disant : « *Faut pas rêver…* ». D'ailleurs je lui avais téléphoné avant pour le prévenir et il m'a répondu : « *Tu sais je ne te promets rien, je suis dans une période particulière* »… Et paf ! Peut-être une semaine après j'ai reçu la page réalisée, mise en couleurs, impeccable… Que demande le peuple ?! Et après, je lui ai renvoyé un autre scénario mais pour l'intérieur du journal dont on aurait pu penser qu'il ne le réaliserait jamais non plus, c'est « Le Pétomane et le Renard » (page 110).

Il y a également le fameux « Slowburn Gag » : je lui ai envoyé une histoire avec un couple de chats en lui expliquant ce que je voulais. Il m'a renvoyé juste 8 petites cases que j'ai remontées ensuite sur trois pages. Vous savez que les chats quand ils s'accouplent mettent un temps fou (ça prouve qu'ils le font soigneusement !).

Il a fait comme ça quelques planches pour le journal, jusqu'au jour où il m'a annoncé : « *je suis désolé, je ne pourrai plus collaborer à* Fluide *parce qu'on fait notre propre truc ici.* » C'était le lancement du *Trombone illustré*. Il ne nous restait plus que nos yeux pour pleurer et aussi le fait que ce cochon de Delporte nous a tous invités à un bouclage du *Trombone* dans la cave… Un très grand souvenir ! C'est là que j'ai fait la connaissance de Fred Jannin et la rencontre de Delporte. Il ne faut jamais oublier Yvan Delporte quand on parle de Franquin ! Delporte était un type exceptionnel, d'une culture rarissime, plein d'un humour chatoyant. Sa disparition a laissé un vide dans *Spirou* (dont il fut rédacteur en chef) et dans le monde de la BD en général.

« Il ne faut jamais oublier Yvan Delporte quand on parle de Franquin ! »

Comment se fait-il que tant de dessinateurs français se soient ralliés au *Trombone* ?

J'en sais rien… Je n'ai pas d'explication rationnelle, je suppose que c'était tellement décalé par rapport au journal proprement dit, puisque c'était à l'intérieur de *Spirou*… Et puis Delporte et Franquin avaient eu l'idée d'annoncer « *On se cache pour faire ça ! faut pas le dire, l'éditeur n'est pas au courant, on fait ça en cachette dans la cave* »… C'était le genre de gag à la Delporte ! C'était présenté comme ça, ce qui est assez astucieux. Mais ça ne suffisait pas. La preuve c'est qu'au bout

Page de gauche, en haut :
8 cases de la planche originale de « Slowburn Gag » *Fluide Glacial* n°9, mars 1977

Page de droite, dans le texte :
Illustration de Gotlib pour la page autopromo, *Fluide Glacial* n°56, février 1981

le long du texte :
Portraits de Franquin à *Fluide Glacial* au polaroïd, fin 70

d'un moment, paraît-il, l'éditeur recevait des tonnes de courriers des parents des lecteurs de *Spirou*, l'amenant à dire « *arrêtez vos cochonneries, on n'est pas dans un journal pornographique* » ! Alors que quand on y repense, c'était d'une gentillesse, à côté de ce qu'il y avait eu avant et ce qu'il y aura après…

C'était un pouvoir d'attraction pour les dessinateurs français de se dire « *on le rejoint* ».

Oui, en l'occurrence c'était lui qui nous rejoignait, c'est-à-dire pas lui, toute la bande !
Je me demande s'ils auraient fait *Le Trombone* sans ce grand mouvement d'aération dans tous les journaux. On peut se poser la question. Je sais que Franquin, ça lui tenait terriblement à cœur : faut voir le travail qu'il se tapait là-dedans… Rien que les titres, déjà ! Un titre différent pour chaque numéro ! Parce qu'en plus *Le Trombone* était hebdomadaire ! Je crois qu'il s'est impliqué terriblement dans *Le Trombone illustré*. Comme je me suis impliqué moi-même dans *L'Écho des savanes*. Ce devait être très important pour lui.

Revenons en arrière, à quel moment découvrez vous la première planche des *Idées noires* ? Et quel effet cela vous fait de voir Franquin faire du noir et blanc, avec une technique relativement différente, s'éloignant radicalement de l'univers de *Gaston*.

Je me rappelle surtout du numéro de *Spirou* dans lequel il y avait le premier *Trombone illustré* et évidemment la première Idée noire de Franquin. J'ai eu une réaction de surprise terrible et en même temps, comme je savais que Franquin était un « très très grand technicien », c'est-à-dire un grand artiste – il était capable de passer du crayon à la gouache, à n'importe quel outil, contrairement à moi qui me cantonne à la plume et au crayon – je me suis dis, tiens, voilà un nouveau Franquin qui apparaît. Et franchement, c'était très étonnant de voir ça. Je me demandais comment il faisait. Je lui ai posé des questions : il aimait beaucoup parler de ses techniques. Il aimait découvrir des nouveaux outils, des nouveaux trucs. Il y a une anecdote que j'aime bien raconter. Alors que je ne le connaissais pas encore, je lui ai écrit pour lui demander quelle plume il utilisait, et il m'avait répondu par un petit dessin représentant deux chevaliers en tournoi avec les deux plumes réelles en acier scotchées au bout des lances ! (inutile de dire que j'ai gardé pieusement le petit dessin des deux chevaliers). Un jour il m'a montré un nouvel outil, un genre de feutre-pinceau et il était ravi parce qu'il avait découvert ça à Bruxelles où il y a beaucoup plus de magasins destinés aux dessinateurs et aux artistes qu'à Paris. Çavait la forme d'un pinceau mais en fait c'était un feutre. Alors on pouvait faire des pleins et des déliés, c'était presque de la calligraphie japonaise. Enfin, il n'y a qu'à regarder tous les trucs qu'il fait ! Que ce soit au crayon pinceau, au feutre, au balai à chiottes, n'importe quoi, c'est toujours génial !

Vous distinguez « artiste » et « grand technicien », pouvez-vous préciser la nuance que vous entendez dans ces deux notions ?

On emploie le mot artiste un peu à tort et à travers… Entre la démarche de Franquin et, disons, Van Gogh, je ne vois pas beaucoup de différences. C'est-à-dire qu'une fois que Franquin avait fait le tour d'un sujet, qu'il le maîtrisait, il avait besoin d'aller « ailleurs ». De trouver autre chose. C'est à cette période-là d'ailleurs, je crois, que bien souvent il avait des coups de spleen parce qu'il savait qu'il fallait aller au-delà. Alors il ne se coupait pas l'oreille, mais enfin… Un artiste, il y a une foule de choses qui passe par sa tête alors qu'un grand technicien on peut très bien ne pas voir de différences… Par exemple : Morris est un très grand dessinateur, mais toute sa vie, il n'a quasiment fait que Lucky Luke. Hergé, c'est Tintin. Franquin, c'est Gaston, Spirou, Modeste et Pompon, le Marsupilami, mais aussi plein d'autres trucs qui correspondent à ses différentes périodes qui font que pour moi l'un est un artiste et les autres de très très grands techniciens. Je n'ai jamais rencontré Hergé, je peux me tromper. En revanche, j'ai un peu connu Morris, il était très bien dans sa peau. Je ne pense pas qu'il ait eu des états d'âme alors que Franquin… pardon pour les « états d'âme » ! Et il ne les a sortis que dans ce que j'appelle son « chant du cygne » : ***Idées noires***. C'est là qu'on sent que vraiment, dans sa tête, ça grouillait de choses, de souffrances qu'il avait besoin d'exprimer et qu'il a enfin pu accoucher dans ***Idées noires***.

Vous le sentiez à l'époque que c'était là son chant du cygne ?

On ne peut dire ça d'un artiste qu'une fois qu'il a disparu. Je n'aurais jamais dit ça à l'époque bien évidemment ! Il était en pleine forme, il venait parfois à Paris, on dînait ensemble, ou bien on se voyait à Bruxelles, on se marrait ! Parce qu'en dehors de ses périodes de creux, c'était un vache de rigolo ! On se marrait drôlement avec lui ! Quand il se marrait dans un resto, il faisait péter toutes les vitres ! Il avait ce rire énorme ! En revanche, pour revenir à la question, on se demandait à l'époque ce qu'il allait faire après : il a commencé avec *Spirou* en remplaçant Gillain, c'était les débuts un peu maladroits d'un jeune auteur de BD, mais déjà formidable, très dynamique. Mais si on met

« Que ce soit au crayon pinceau, au feutre, au balai à chiotte, n'importe quoi, c'est toujours génial ! »

En bas du texte :
Illustration de Franquin pour la page autopromo, *Fluide Glacial* n°63, septembre 1981

à côté une page d'*Idées noires* et un des premiers *Spirou*, on mesure réellement l'ampleur de l'évolution et du talent de Franquin.

Son rire, généreux et envahissant, est-il selon vous à l'image de son œuvre ?

Je pense qu'il était surtout à l'image de Gaston ! Je crois en particulier que les deux boulots les plus personnels qu'il ait produits sont ***Gaston*** et ***Idées noires***. ***Gaston*** est extrêmement positif avec son côté bricoleur, ses astuces, ses bêtises, c'était Franquin lui-même en réalité… Les ***Idées noires***, pour paraphraser ***La Guerre des Étoiles***, c'était son côté obscur. Mais si on considère son œuvre avant ***Idées noires***, oui, le rire de Franquin est à son image.

Comment se déroule la venue des *Idées noires* à *Fluide Glacial* ?

Ça tient plus à Franquin qu'à moi. Mon seul rôle a été, à la fin du *Trombone*, de sauter sur l'occasion d'une part et au cou de Franquin d'autre part en le sollicitant avec beaucoup de véhémence. Et que je lui ai dit « *Hé, ho ho ! Arrête tes conneries ! Tu ne vas quand même pas arrêter cette merveille : moi, je veux les* **Idées noires** *pour* Fluide *!* », mais j'ai dit ça comme ça, en l'air. Il était sûrement écœuré de l'arrêt brutal du *Trombone illustré*, c'était pour lui une occasion de poursuivre. On se connaissait un peu et on s'appréciait. J'ai eu la chance, soit de lui demander le premier, soit qu'il appréciait peut-être *Fluide Glacial*. N'empêche qu'il a collaboré deux ans et demi avec nous, nous livrant chaque mois sa planche, en grand pro et avec une régularité d'horloger.

Y a-t-il eu une évolution dans sa manière de traiter ses *Idées noires* ?

Oui, c'est certain. Les premières ***Idées noires*** c'était du gag. Ça a évolué. Certaines des dernières sont à la limite de l'abstraction… Le bloc qui s'effondre avec le type coincé au bout dans la mélasse par exemple.

Avez-vous vu venir l'interruption de sa collaboration sur ce projet ?

Non, mais je me doutais bien que ça ne durerait pas éternellement. On a déjà évoqué l'interruption de ***QRN sur Bretzelburg*** en plein milieu … Je me disais simplement « *tant qu'on les a, tant mieux, et le jour où il veut s'arrêter, on ne va pas l'emmerder* ». C'était déjà beau de l'avoir, et un miracle chaque mois de voir arriver sa page !

Franquin a dit qu'il a arrêté car les idées lui venaient trop facilement sur la fin…

Il couchait sur le papier les choses qui lui faisaient mal. Probablement que, plus il le faisait, plus il souffrait. Il a sûrement cherché à retrouver la fraîcheur de ses débuts, la connerie de ***Gaston***, toutes ces choses de plus jeunes, de moins noires… C'est d'ailleurs ce qu'il a fait en revenant à ***Gaston*** après les ***Idées noires***.

On ne dit jamais de mal de Franquin dans la profession.

Du mal ?! Pour le critiquer ? Mais où ? Dans sa vie, dans son travail ? Mais il n'y a rien à jeter chez Franquin ! Critiquer Franquin serait mesquin ! C'est lui qui a eu le Premier Prix d'Angoulême, c'est pas pour rien. Il y a un consensus dans la profession : Franquin c'est le plus grand. En BD d'humour, dessin ou idées !

N'avez-vous pas le regret qu'en dehors des *Idées noires*, il n'ait pas fait plus de bandes d'humour adulte, dans l'esprit de *Fluide Glacial* ?

C'est le fond qui faisait que ça changeait ! Pas la forme ! Lui il avait sa forme, ses formes même, que ça soit Gaston, Spirou ou ***Idées noires***… S'il mettait cette forme au service d'un fond qui était soit le sien (***Idées noires***) soit mes conneries (mes scénars qu'il faisait pour *Fluide*), personne ne cherchait à dire « *Pourquoi ne modernise-t-il pas un peu son trait ?* » ou je ne sais quoi. Moi je crois que c'est un faux problème. Dans une bédé, du moment que le fond et la forme ne sont pas antagonistes, on prend son plaisir, on ne pense pas à commenter ou critiquer… Si c'est le cas, c'est que c'est raté.
Il n'y a pas de ratage avec Franquin. ■

L'HISTOIRE DE LA MOUCHE QUI REPEINT SON PLAFOND
HOULÀLÀ ! CE PLAFOND ! QU'EST-CE QU'IL EST CRADO !
TIENS ! BEN, JE SAIS CE QUE JE VAIS FAIRE
JE M'EN VAIS LE REPEINDRE !
PAS CON, LE MEC !
AH !
PTHÜH
AU BOULOT !
SCHLIP
SCHLIP
LA DON-NA È MO-BI-LE
RAMOOONÂ TRA-LI-LOÉÉ
SLWIP
FIGARO-CI FIGARO-LÀ !
POC
TRA-LI-LAA
??!
ALORS ÇA C'EST LE COMBLE !
ME FAIRE AVOIR AVEC CE VIEUX GAG ÉCULÉ !! MOI QUI LIS DE LA BD DEPUIS MON ENFANCE !
GOTLIB et Franquin

LA TOUR INFERNALE
UN BUILDING... DES BUREAUX COMME TANT D'AUTRES... ...UNE CENDRE DE CIGARE... ...QUI TOMBE ?.. QU'EST-CE À DIRE ?..
?
...TIENS ?.. LA CENDRE TIENT PLUS LONGTEMPS, D'HABITUDE... LA QUALITÉ DE CES HAVANES BAISSE...
LE COURRIER À SIGNER, MONSIEUR LE DIRECTEUR
DONNEZ MON PETIT
COURRIER
Howard J. Smith
BRONG
COMBIEN DE FOIS JE VOUS AI DIT DE NE PAS ME FAIRE BOUGER PENDANT QUE JE SIGNE !?!
JE... JE VOUS ASSURE MR. LE DIRECTEUR... JE NE TOUCHAIS MÊME PAS LE BUREAU...
BON... EUH... VOYONS... LE DOSSIER RAMINGTON.. ...EXERCICE 69...
?
BODOM
BONG
AAAH !.. CE TÉLÉPHONE !..
DRIIING
PTOUY
PENG
HÉ... VOUS N'AVEZ RIEN SENTI, ICI ?..
...COMME... EUH... LE SOL BOUGER ET... LES MURS TREMBLER ?
SI !.. C'EST LE PATRON QUI A PÉTÉ !
T'EN ES À TON COMBIENTIÈME SCOTCH, BEAUTÉ ?
HA ! HA ! HA ! HA !
BRADABAM
1

BBRRRRRROOOO
HÉ!... IL SE PASSE DES CHOSES BIZARRES !!..
LES MURS! REGARDEZ LES MURS!
... DANS MON BUREAU AUSSI!... TOUT DÉGRINGOLE!...
ÇA TREMBLE DE PARTOUT!
ET CES GRONDEMENTS!
BRADABABABAABRAM
À L'ESCALIER DE SECOURS!... VITE!!
AU SECOURS!
BROOOOOMMMMBABABRONG
ATTENTION! VITE!
BRONGG
REGARDEZ!
RHÂÂÂÂÂÂÂÂÂ
UN RAZ DE MARÉE!
2

LOVELY!!
ROGER!
GOUJAT!
COCA ZOULOU TANGO
M'ENFIN?
BOM BOM BODOM BAM
TIMBER
4... 3... 2... 1...
3
FRANQUIN & GOTLIB

IDÉE NOIRE PAR GOOSSENS | 2016

C'EST EFFARANT, TU N'AS JAMAIS LA MÊME TÊTE...
TOI NON PLUS TU N'AS JAMAIS LA MÊME TÊTE. DES FOIS, ON DIRAIT MICKEY...
TU NE PEUX PAS CHANGER DE TÊTE TOUT LE TEMPS, GEORGES.
CE N'EST PAS SÉRIEUX, À TON ÂGE.
J'HÉSITE ENCORE... TU NE TROUVES PAS QUE CELLE-CI ME VA BIEN ?
NON, GEORGES. CELLE-CI TE VIEILLIT.
DES FOIS, C'EST MÊME PAS DU TOUT TON GENRE.
DU TOUT !
SI TU TE VOYAIS, TU SERAIS DÉÇU.
ET VOILÀ !
DÈS QU'ON VEUT ÊTRE UN PEU COQUET...
C'EST ÇA AUSSI LE PROBLÈME, QUAND ON EST DESSINÉ. ON PEUT AVOIR LA TÊTE QUI CHANGE D'UN COUP.
SI ON ÉTAIT EN CHAIR ET EN OS, ÇA N'ARRIVERAIT PAS.
DESSINÉ ?
AH, ON PEUT SE LA PÉTER HÉROS DE BD...
OUI MAIS ON EST DESSINÉS AVEC UNE BROSSE À DENTS, ON NOUS RECONNAÎT PAS D'UNE CASE À L'AUTRE.
2

MAIS RÉFLÉCHIS, LOUIS... SI ON ÉTAIT DESSINÉS, HHHON SERAIT PLATS !...
C'EST POUR ÇA QUE MOI, JE VOULAIS ÊTRE DESSINÉ PAR FRANQUIN.
POPEYE, DONALD, BATMAN, TOUT ÇA C'EST POSSIBLE...
ET MÊME TINTIN, SI ÇA SE TROUVE...
TINTIN, ON L'A JAMAIS VU FAIRE CACA, C'EST UN SIGNE !
TOI, TON TRANSIT VA BIEN ?
ET EN MÊME TEMPS, IL A MARCHÉ SUR LA LUNE...
AARRHH... C'EST COMPLIQUÉ...
FRANQUIN, C'ÉTAIT LA RIGUEUR.
IL Y AVAIT UN CONTRAT DE CONFIANCE.
SOUS SON CRAYON, ON ÉTAIT TRANQUILLE.
MAIS IL ÉTAIT SURBOOKÉ
ATTENDS, J'AI UN TEST INFAILLIBLE QUI VA PROUVER QUE TU N'ES PAS DESSINÉ.
JE GARDAIS CETTE GOMME GÉANTE DANS CE PLACARD SECRET JUSTEMENT POUR CE GENRE D'OCCASION...
GEORGES... QU'EST-CE QUE TU FAIS ?...
SI VRAIMENT TU ES DESSINÉ, ON VA LE SAVOIR TOUT DE SUITE.
IL SUFFIT... DE FROTTER... COMME ÇA... HHHH...
NON MAIS J'AI PAS ENVIE...
3

GEOOOORGES... QU'EST-CE QUE TU FAIIIIIIS ?...
HORREUR !
AAAAARRRHH... JE T'AVAIS DIT ! I FAUT TOUJOURS QUE TU M'ÉCOUTES JAMAIS !
TANT PIS. LOUIS, ATTENDS, NE BOUGE PAS !...
LOUIS, JE GARDAIS CE STYLO GÉANT JUSTEMENT POUR CE GENRE D'OCCASION...
TIENS-TOI BIEN DROIT ET NE BOUGE PLUS...
VOILÀ, LOUIS.
TU ES DESSINÉ, MAIS PAR GEORGES.
TIENS, UN MIROIR.
MAIS ATTENDS, HEIN CE N'EST QU'UN PREMIER JET.
C'EST PAS FRANQUIN MAIS C'EST UN PEU TRONCHET.
MON TRAIT VA S'ASSOUPLIR AVEC LE TEMPS.
LOUIS, C'EST PARCE QUE JE DÉBUTE !
AAAAAAAAAAAAAAA
NE DÉBUTE PAS !
NE DÉBUTE PAS !
ÉCOUTE-MOI !
4

SUR LA MER JOLIE, UN GROS PÉTROLIER, LES FLANCS LOURDS DE DIZAINES DE MILLIERS DE TONNES DE BRUT BIEN GRAS...
FULL-O-SHIT
MAIS QUEL EST LE CON QUI PILOTAIT, ICI ?
C'EST TOI, CON...
C'EST TOUJOURS CHEZ NOUS... LES SALAUDS !
DE PADVÈNLÈMMEC À SAINT POIL DE BIGORNEAU, TOUTES LES PLAGES EN SONT PLEINES...
...JUSQU'À LA POINTE DE KERMALEUR...
OOOOH ! DIEU INFINIMENT BON ! VOIS TES ENFANTS DANS LE NOIR DÉSASTRE. TOI SEUL PEUX FAIRE DISPARAÎTRE CETTE HORREUR POISSEUSE... MON DIEU ! FAIS UN MIRACLE !
OUI ! UN MIRACLE DU CIEL !
...AUTRE ACCIDENT, CE SOIR, DANS LA MÊME RÉGION : UN AVION DE FRET A EXPLOSÉ EN PLEIN VOL. IL TRANSPORTAIT UNE TONNE DE PLUMES DESTINÉES À UNE FABRIQUE D'ÉDREDONS...
52
Franquin

IL NE FAUT PAS CONFONDRE VILLES TENTACULAIRES ET A TROP CITÉS.

IL NE FAUT PAS CONFONDRE ÉMISSION EN DIRECT ET RADIOACTIVITÉ.

HÉ !'PA ! 'Y A DU VENT !... TU ME FAIS UN CERF-VOLANT, DIS ?... TU SAIS, UN MARRANT ...
TROP DE TRAVAIL... ET JE T'AI DIT QUE C'EST ENCORE MALSAIN, ICI...
215
...TU DEVRAIS RESTER DANS LE VILLAGE SOUTERRAIN, VOUS AVEZ DES TAS DE JEUX...
BOHF ! ON S'EMBÊTE... 'PA ! T'AS RIGOLÉ, HIER, QUAND T'AS VU LES CERFS-VOLANTS DE MES COPAINS...
...C'EST UN COMME ÇA QUE JE VEUX. WOH ! C'EST SIMPLE : T'AS QU'À COLLER UNE FEUILLE SUR LES...
OUAIS, MAIS 'FAUT CONSOLIDER... QUEL BOULOT...
FACILE, HO ! 'PA ! LE FIL DE FER PASSE AU TRAVERS.. C'EST TOUT LÉGER, TOUT SEC...
...C'EST POUR ÇA QUE ÇA VOLE SI BIEN ... SI TU DIS OUI, JE VAIS À LA VALLÉE DES VAINCUS... IL Y EN A DES TAS... J'EN CHOISIS UN QUI TIENT ENCORE ENSEMBLE... ALORS, 'PA ? C'EST OUI, DIS, 'PA ?
BON, D'ACCORD... MAIS TU M'APPORTES TOUT LE MATÉRIEL...
CHIC ! ET TU M'AIDERAS À LE LANCER, HEIN, 'PA ?!
AU FAIT, C'EST BIEN QUE CES GOSSES EMPLOYENT LEUR IMAGINATION ET NE SE CONTENTENT PAS TOUJOURS DE JOUETS TOUT FAITS... CE CERF-VOLANT, C'EST ÉDUCATIF...
215
54
Franquin

FRANQUIN FACE AUX GAFFES ET DÉGÂTS DES HOMMES

PAR **MARTIAL CAVATZ** | 2016

L'œuvre de Franquin ne peut – et ne doit – pas être uniquement expliquée à l'aune de son prétendu état dépressif. Il importe également de situer le dessinateur comme homme de son époque. Toute personne est non seulement le produit d'une histoire individuelle mais aussi d'une histoire collective dans le sens où elle partage une série d'expériences communes aux individus de sa génération et de sa classe sociale.
Si le travail de Franquin est d'ores et déjà étudié dans les écoles pour illustrer certaines problématiques contemporaines – telles que l'écologie ou la peine de mort –, il présente en outre un matériau riche pour

Ci-contre :
Extrait de l'idée noire n°23, Franquin, 1978

« Ses thématiques reflètent cette stupéfaction devant la capacité destructrice de l'humanité. »

l'historien et permet d'analyser les angoisses d'une époque et la façon dont elles ont été retranscrites et transformées dans les arts. Les ***Idées noires*** de Franquin semblent davantage correspondre à celles d'un homme profondément amoureux de la vie qui la voit mise à mal par notre civilisation et ne peut se résoudre à ne rien en dire ; un amoureux contrarié. Plus qu'un être déprimé, Franquin apparaît comme un mélancolique conscient de son imperfection et de celle du monde qui l'entoure. Un témoin sensible heurté par la folie destructrice des hommes.

Les thématiques présentées par Franquin reflètent cette stupéfaction devant la capacité destructrice de l'humanité. Nature, guerre froide, peine de mort, l'homme semble salir tout ce qu'il touche.

FRANQUIN ÉCOLOGISTE

La préoccupation écologique est au cœur du travail de Franquin et entre en résonance avec les inquiétudes qui traversent la société.

Si la catastrophe de Tchernobyl en 1986 reste la référence ultime, par son ampleur, des dangers du nucléaire, les premières inquiétudes concernant cette énergie émergent dès les années 1960. En 1961, en France, l'affaire Majoni connaît un fort écho médiatique. Cette salariée attaque son employeur, le Centre pour l'énergie atomique, qu'elle rend responsable de sa maladie. Il résultera de cette affaire de profondes modifications des systèmes de radioprotection utilisés et une reconnaissance des maladies professionnelles occasionnées par les rayonnements ionisants.

Mais il faudra attendre les années 1970 pour qu'un mouvement d'ampleur contre les centrales nucléaires voie le jour. Celui-ci prend, en 1971, la forme d'une immense manifestation pacifique contre la construction de la centrale de Fessenheim. De multiples rassemblements ponctuent la décennie : en 1975, 25 000 personnes occupent le chantier de la centrale nucléaire de Wyhl en Allemagne ; en 1976, 20 000 contre Superphénix en France, etc. Ces manifestations témoignent d'un début de prise de conscience mais il ne faut pas oublier qu'elles sont minoritaires, et Franquin prend donc une position courageuse lorsqu'il s'attaque à ce sujet. Cependant, dès 1979, la catastrophe de Three Miles Island vient démontrer que ces inquiétudes étaient fondées.

Page de gauche, en haut, à gauche : Naufrage de l'Amoco Cadiz (mars 1978)

en bas : Idée noire n°4, Franquin, 1977

Page de droite, en haut : extrait de l'idée noire n°30, Franquin, 1979

colonne de droite : Couverture de *Charlie Hebdo* n° 43, Reiser, 13 septembre 1971

Le nucléaire est l'exemple même d'une technologie vantée au nom du progrès mais dont on ne veut pas voir les conséquences néfastes. Pourtant, durant les années d'après guerre, certains refusent d'associer progrès et bonheur et insistent sur ses effets pernicieux. Le mode de développement économique des pays occidentaux basé sur une utilisation accrue des énergies pétrolifères peut engendrer, en cas d'accident lors de leur transport, des désastres écologiques, comme le rappelle une planche consacrée à l'échouement d'un pétrolier [1]. Les contemporains de Franquin gardent en mémoire la catastrophe du *Torrey Canyon* en 1967 – immortalisée par une chanson de Gainsbourg – ainsi que celle de l'*Amoco Cadiz* en 1978 qui provoquèrent d'immenses marées noires.

Son inquiétude se porte sur le progrès technique de manière plus générale qu'il considère comme incontrôlable, pouvant conduire à une catastrophe. Dans les années 1970, des auteurs comme Jacques Ellul et Ivan Illich insistent sur les méfaits de l'industrialisation et rencontrent un écho favorable auprès des militants écologistes de l'après-1968.

FRANQUIN ET LA CAUSE ANIMALE

Des progrès techniques aux conséquences potentiellement nuisibles mais pas de progrès moral chez les hommes, comme en témoigne le sort réservé aux animaux que dénonce Franquin.

Pourtant la question des souffrances animales n'est pas nouvelle. En France, la Société protectrice des animaux (SPA) est fondée en 1845 et dès 1850 est votée la loi Grammont condamnant les mauvais traitements à l'encontre des animaux. Cette loi avait pour origine le scandale causé par le traitement réservé au bétail et aux chevaux dans les villes. Le sort des autres animaux ne préoccupait pas encore les citoyens. Il est intéressant de rappeler qu'à ses débuts la SPA condamnait la corrida en raison du sort réservé aux chevaux mais se désintéressait des taureaux (ce n'est pas le cas de Franquin qui prend clairement le parti du malheureux bovin dans un de ses gags[2] mais qui peut aussi s'émouvoir de l'exécution d'un cheval par son propriétaire). La Belgique n'est pas en reste, en 1908, Jules Ruhl créé la Société Contre la Cruauté envers les Animaux. Il réussit à faire voter en 1929 une loi en ce sens.

L'histoire de la protection animale se déploie en trois temps : l'intérêt se porte en premier lieu sur le bétail, puis sur les animaux domestiques, et enfin sur les bêtes sauvages. Cette capacité à s'émouvoir du sort d'animaux non domestiqués est favorisée au début des années 1970 par la diffusion de documentaires animaliers, de leur présence dans la fiction ou même de la distribution de peluches pour enfants.

Franquin s'attaque ainsi de manière virulente à la chasse à un moment où ses opposants commencent à peine à se faire entendre (voir strip page suivante). En 1976, des militants, dont Théodore Monod, fondent le Rassemblement des opposants à la chasse (ROC) et ce combat se diffuse par le biais des chansons populaires de Henri Tachan (« La Chasse » en 1974) ou même Chantal Goya qui connaît un grand succès avec

[1] Voir l'idée noire n°52, page 67

[2] Voir l'idée noire n°53, page 46

« Un lapin » en 1977. Il s'en prend également au secteur de l'agroalimentaire en mettant en scène des poulets conditionnés en usine[3] et du textile (plus exactement la fourrure) avec la dame habillée d'un manteau de lynx.

Cette sensibilité n'est pas pour autant prétexte à un mépris du destin de l'humanité, comme en témoignent sa critique antimilitariste ou son rejet de la peine de mort. Il s'agit bien ici de l'esprit des premiers défenseurs de la cause animale qui voyaient dans la cruauté exercée envers la faune un prélude à la cruauté envers les hommes.

FRANQUIN ANTIMILITARISTE

L'homme ne se contente pas de détruire son environnement, il pousse le vice jusqu'à l'autodestruction. Les inquiétudes dont il fait état dans ses gags ne sont pas sans rappeler les angoisses générées par les tensions entre les deux grands pendant la guerre froide. Une génération marquée par la Seconde Guerre mondiale ne peut être que stupéfaite de constater que la fin de celle-ci n'a pas abouti à un monde en paix. Si la guerre froide ne se manifeste pas par l'affrontement direct des grands (États-Unis et URSS), elle se caractérise par de nombreuses guerres (Corée, Vietnam) et une course effrénée aux armements qui fait craindre le pire.

Comme le souligne Franquin, cette lutte bénéficie aux marchands d'armes, et les sommes considérables qui y sont engagées privent la société d'équipements essentiels (il cite le cas des hôpitaux). Pire encore, elle pourrait conduire à notre destruction, d'autant que Soviétiques et Américains disposent de l'arme nucléaire. Dès lors on peut légitimement penser comme Franquin que le monde court à sa perte.

Et cette peur est loin d'être un fantasme. En 1962, des avions espions américains repèrent à Cuba des rampes de lancement pouvant recevoir des missiles nucléaires d'une portée de 2 000 km. Les Américains apprennent ensuite que des bateaux soviétiques chargés de missiles sont envoyés à destination de l'île. Le risque est énorme pour les États-Unis car si un tel équipement était installé, ils pourraient être touchés avant même de pouvoir riposter ; le climat de terreur

[3] Voir l'idée noire n°25, page 29

entretenu par les deux pays se déséquilibre, les Russes obtenant avec cette opération un avantage trop considérable. Le 22 octobre 1962, Kennedy décide d'empêcher les navires de rejoindre l'île. La tension est à son comble lorsque les deux flottes se font face ; le monde occidental rangé derrière les États-Unis vit dans l'angoisse d'un conflit nucléaire. Finalement, le 28 octobre, les Russes rebroussent chemin.
Cette crise qui a bien failli dégénérer fait apparaître la nécessité d'une entente minimale entre les deux puissances. Pendant plus de dix ans, elles réussissent à plus ou moins s'entendre mais les tensions ne tardent pas à refaire surface. En 1977, l'URSS déploie des missiles de moyenne portée en direction de cibles européennes potentielles. Face à cette menace les membres de l'OTAN appellent au soutien des États-Unis qui répondent favorablement. Le président Carter décide en 1979 d'installer des missiles Pershing en Europe. Un vaste mouvement d'opinion largement encouragé par Moscou se propage en RFA mais aussi en Belgique pour s'opposer à cette décision. Au final, les missiles seront installés en 1983. À la crise des « euromissiles » s'ajoute l'invasion de l'Afghanistan en 1979 qui marque le début d'une nouvelle période de tension.

L'antimilitarisme de Franquin semble profond et ne peut se limiter au contexte historique immédiat (il s'inscrit dans une tradition qui remonte au XIXe siècle). Il y a chez lui un rejet profond de l'institution militaire. Ce rejet se manifeste notamment en Belgique dans le combat pour l'obtention d'un statut d'objecteur de conscience qui est entériné en 1964 grâce à l'action de Jean Van Lierde.

FRANQUIN CONTRE LA PEINE CAPITALE

C'est sans ambiguïté que le dessinateur se positionne dans le débat sur la peine de mort encore en vigueur dans son pays, la Belgique, mais aussi en France où la question revient sur le devant de la scène au début des années 1970.

La représentation dans les planches de Franquin de multiples saynettes intégrant des guillotines fait référence à la situation française qu'il peut aisément suivre depuis Bruxelles. En effet, en Belgique, si la guillotine existe, elle n'est plus utilisée après 1950 (excepté dans les colonies) et les condamnations à mort y sont commuées en peines à perpétuité. L'abolition de fait précède l'abolition légale, ce n'est donc pas dans ce pays que la controverse prend de l'ampleur. Ceci explique pourquoi la Belgique est, en 1996, le dernier pays d'Europe à voter son abolition. Inversement, en France, les exécutions demeurent : paradoxalement, si au fil du temps elles sont de moins en moins nombreuses – entre 1959 et 1981, dix-sept personnes sont guillotinés –, elles apparaissent dès lors plus spectaculaires. Chaque procès où les jurés pourraient prononcer une telle peine devient le terrain d'affrontement entre abolitionnistes et rétentionnistes.

Georges Pompidou et Giscard d'Estaing semblent ouverts à une éventuelle abolition mais redoutent l'opinion, très fluctuante sur ces questions ; les deux présidents, par ailleurs, se gardent bien de gracier l'ensemble des condamnés. Face à des gouvernements qui ne veulent surtout pas aborder le sujet, quelques députés de droite font état de leur opposition (principalement Pierre Bas mais aussi Bernard Stasi, Philippe Seguin, Hervé de Charette) mais c'est la gauche qui va principalement s'emparer du sujet. Ainsi, le Parti communiste l'inscrit à son programme en 1971 et le Parti socialiste en 1972. Logiquement, le Programme commun de gouvernement que les deux organisations signent en 1972 reprend la proposition. Aux yeux de l'opinion, l'avocat Robert Badinter incarne ce combat. Très marqué en 1972 par l'exécution de son client Roger Bontemps qu'il n'a pu sauver d'une exécution (alors que ce dernier n'avait pas tué), il s'attaque désormais directement à la peine de mort devant les cours d'assises. Il sauve ainsi cinq de ses clients. En 1981, lorsque la gauche est élue, c'est à lui que revient l'honneur de proposer l'abolition, en tant que garde des sceaux, qui sera votée par la nouvelle majorité et une partie de l'opposition.

« Franquin avait troqué l'épée du chevalier pour un crayon mais s'est bel et bien battu contre la bêtise sous toutes ses formes... »

En 2015, la peine de mort était encore pratiquée dans 39 États dont des démocraties comme les États-Unis et le Japon. Le combat de Franquin est plus que d'actualité, ce qui est, en outre, le cas des autres thématiques développées dans ses BD. Il réussit l'exploit d'être à la fois témoin de son époque et intemporel.

D'apparence sage car sa modestie le rendait discret sur la portée de son œuvre, Franquin est un véritable anticonformiste et on comprend mieux pourquoi Goscinny avait voulu l'embaucher à *Pilote*, et Cavanna à *Charlie Hebdo*. Il semble que ce soit sa fidélité à *Spirou* qui l'ait empêché d'accepter ces propositions à même de mettre en avant d'autres pans de son œuvre. Franquin, moins inoffensif qu'il n'y paraît, avait troqué l'épée du chevalier pour un crayon mais s'est bel et bien battu contre la bêtise sous toutes ses formes. ■

Page de gauche, en haut : Idée noire n°2, Franquin, 1977
en bas, à gauche : Affiche du film *Docteur Folamour* de Stanley Kubrick (1964)

Page de droite, en haut : Extrait de l'idée noire n°24, Franquin, 1979

IL NE FAUT PAS CONFONDRE **MASSACRE DEHORS ET RAGE DE DENTS.**

IL NE FAUT PAS CONFONDRE L'ŒIL À LA LUNETTE ET LA LUNE À L'ŒILLETTE.
POUR NOS AMIS CHASSEURS, À QUI NOUS AVONS PRÉSENTÉ, DANS NOTRE NUMÉRO DEUX, LES CARTOUCHES PANDAN-LAGL, LA CÉLÈBRE FIRME PRODUIT, DANS LE MÊME ESPRIT, UNE LUNETTE DE CHASSE RÉVOLUTIONNAIRE, LOGIQUEMENT APPELÉE PANDAN-L'ŒIL.
ACHETEZ PANDAN. VOUS NE LE REGRETTEREZ PAS APRÈS.
AJOUTEZ AU PLAISIR DE TUER CELUI DU VOYEUR.
TUEZ DE LOIN : C'EST EXCITANT COMME LA GUERRE.
COMME LES CARTOUCHES DE LA MARQUE, L'ARME EST INFAILLIBLE.
PAF
VOUS ME DIREZ QUE LA LUNETTE PANDAN-L'ŒIL NE SERT QU'UNE FOIS. QUELLE IMPORTANCE...
...PUISQUE LE CHASSEUR EST, LUI AUSSI, HORS D'USAGE?
C'EST ÇA, LE PROGRÈS !
5
ET TOI, HEIN? C'EST LE DEUXIÈME CHASSEUR QUE TU T'AMUSES À MASSACRER ! TOI AUSSI, TU TE COMPLAIS DANS LA CRUAUTÉ, MON VIEUX !
Franquin

UN ÉVÉNEMENT POUR LES CHASSEURS : PANDAN. LA CÉLÈBRE MANUFACTURE, CRÉE LE MAGNIFIQUE PANDAN-LAFLOTT LE FUSIL LE PLUS FIABLE POUR LA CHASSE AUX CANARDS.
PAN
VOUS VOYEZ, C'EST LE RECUL QU'ILS ONT SPÉCIALEMENT PERFECTIONNÉ...
DITES DONC ! IL DEVAIT AVOIR DES TAS DE CARTOUCHES DANS LES POCHES... POUR NAGER, LE PLOMB, ÇA N'AIDE PAS... NON !
BLOUBLL
11
Franquin

IL NE FAUT PAS CONFONDRE L'AIMER FOLLEMENT ET L'AVOIR DANS L'APPEAU.
MOI, J'AI DÉCOUVERT LES APPEAUX, OH ! Y'A LONGTEMPS, DANS LE CATALOGUE DE MANUFRANCE...
TOUT DE SUITE, JE ME PRIS AU JEU...
TIIRRLITWIIP
...ET J'EUS LE PLAISIR DE FAIRE D'INNOMBRABLES ET CHARMANTES RENCONTRES...
PIRLIP
PIRLIP
PIRLIP
PIRLIP?
?
CURIEUX PAR NATURE, JE ME MIS À EXPÉRIMENTER ET J'INVENTAI DES MODÈLES NOUVEAUX...
...JE CONNUS QUELQUES DÉCONVENUES...
SAINTE MERDE ! J'AI DÛ EMPLOYER DU BUIS BÉNIT ...
...MAIS JE DEVINS FORT ADROIT ET JE VOUS GARANTIS QU'UN HOBBY PEUT APPORTER LE BONHEUR...
ET PUIS UN JOUR, JE ME SUIS DIT : LES APPEAUX, À L'ORIGINE, C'EST FAIT POUR CHASSER ! JE LES AI DÉTOURNÉS DE LEUR DESTINATION PREMIÈRE !...ALORS, J'AI INVENTÉ
L'APPEAU POUR CHASSEUR !
DUCON, DUCON !
DUCON ! DIS-DONC, DUCON...
DUCONDUCON...
OUI ?
OUI ?
OUI ? OUI ?
?
?
?
?
AH ! LA CHASSE ! DEPUIS, POUR RIEN AU MONDE, JE NE MANQUERAIS UNE OUVERTURE...
BOUM
PAF
PAF
PAF
28
Franquin

« LES *IDÉES NOIRES*, C'EST GASTON TREMPÉ DANS LA SUIE »

ENTRETIENS AVEC FRANQUIN

COMPILÉS PAR **GÉRARD VIRY-BABEL** | 2016

À partir des années 70, un vent nouveau souffle sur la bande dessinée en France. Cette mouvance dont *Pilote* fut en grande partie le terreau donne naissance à la BD underground, à *L'Écho des savanes*, puis *Métal Hurlant* et *Fluide Glacial* parmi beaucoup d'autres magazines qui dépoussièrent un peu (beaucoup) le monde des petits illustrés pour enfants. Consécutivement à cette révolution, naissent les fanzines, ces magazines amateurs au ton libre, souvent foutraques et ronéotés par-dessus la jambe. Franquin était très sensible à cette nouvelle jeunesse émergente et à la liberté de ton qu'elle apportait. Pendant une vingtaine d'années il répondra à quasiment toutes les sollicitations des créateurs de ces fanzines, livrant de nombreuses interviews, des dessins originaux et parfois même réalisant les couvertures.

De ces entretiens souvent très pertinents où le Maître se livre en toute liberté et simplicité, nous avons fait une synthèse qui permet de lever un petit coin du voile sur la production particulière de Franquin à cette époque.

Page précédente :
Franquin chez lui dédicaçant un album de *Gaston* (Bruxelle, 1977)
©Paul Godefroy

Page de gauche, en haut et colonne de gauche :
Cases encrées de l'album *QRN sur Bretzelburg*, 1966

Page de droite, colonne de gauche :
Illustration de Franquin et Gotlib pour la page autopromo, *Fluide Glacial* n°57, 1981

en bas, à droite :
Franquin chez lui dédicaçant un album de *Gaston* (Bruxelle, 1977)
©Paul Godefroy

Comment sont apparues les *Idées noires*?

C'est peut-être le contraire de Gaston... J'ai été un peu répertorié comme dessinateur gentil, parce que j'ai créé le Marsupilami et des trucs comme ça qui ont fait le bonheur de mon cher éditeur qui adore ça... Quand j'ai fait du Zorglub après avoir fait du Marsupilami, l'éditeur m'a dit : « *Oh, c'est moche, je n'aime pas du tout. Votre Marsupilami c'était si bien, et ce Zorglub, avec tous ces machins électriques...* » Et ça m'a un peu coupé les jambes pour *Spirou*; j'ai commencé à peiner à partir de ce moment-là. Peut-être que j'ai besoin de cette espèce d'approbation... C'est quelque chose de tellement agréable quand on fait ce métier... Je ne suis sans doute pas très costaud moralement. Pour en revenir aux ***Idées noires***, un jour dans une bande j'ai dessiné une scène de torture avec Kilikil – un autre personnage inspiré par Greg – qui torture Fantasio pour lui extorquer certains renseignements, et j'avais fait cette histoire avec le crissement de la craie et le type qui se casse un ongle.
J'ai constaté que des gens m'en ont voulu : ils n'attendaient pas du tout de moi une histoire comme celle-là. Or c'est une histoire que je serais très bien capable de faire : faire crisser une craie pour voir la réaction des gens. On m'en a vraiment voulu pour ça. J'avais comme touché un nerf, et ça m'a amusé terriblement! Peut-être que ça m'est resté en tête, et les ***Idées noires***, c'est un peu le développement de ça...

J'avais aussi en mémoire une BD en silhouettes qu'un dessinateur réalisait dans le *Saturday Evening Post* quand j'étais tout jeune. Ça m'a marqué parce qu'elle avait vraiment un caractère singulier, très sombre! Et comme c'était noir, j'ai voulu faire un humour grinçant. Enfin il y a bien sûr le plaisir de faire autre chose avec le dessin. Les ***Idées noires***, c'est du Gaston trempé dans la suie. Je me suis beaucoup amusé à les dessiner. Avec cette série, ma seule ambition était de faire rire les lecteurs... c'était grinçant, c'est vrai, mais de l'humour néanmoins.

Est-ce à la suite du *Trombone illustré* qu'est venue votre collaboration à *Fluide Glacial*?

Delporte et moi avons beaucoup d'amitié pour Gotlib et nous lisons *Fluide Glacial* depuis le premier numéro. À la mort du *Trombone illustré*, Gotlib m'a demandé de publier dans *Fluide Glacial* les onze premières ***Idées noires*** parues dans *Le Trombone*. J'en ai été très heureux, car j'avais très envie de continuer.

Certaines planches sont d'ailleurs faites d'après ses scénarios. Ça m'a beaucoup amusé et m'a forcé à me renouveler, dans la mesure où c'était possible, car on ne choisit pas son style. Je voulais travailler en silhouettes. Malheureusement pour moi, en grattant avec les Rotring, j'ai trouvé ce trait un peu boiteux en mettant des blancs dans le noir. Finalement, ça a donné une espèce de dessin noir en relief, un peu hybride. D'un côté, ça ne me plaisait pas; d'un autre, ça me permettait de faire des choses un peu moisies que j'aime bien. J'ai fait aussi quelques histoires (hors ***Idées noires***) sur scénarios de Gotlib et en particulier une histoire de chats dont j'ai fait deux planches et dont il a tiré, avec beaucoup de fantaisie, quatre planches par un remontage savant où il a introduit des épreuves photo de mes dessins. Dans *Fluide*, je m'adresse à un public nouveau mais sans changer mon univers. Je ne m'imaginais pas pouvoir dessiner pour ce genre de revue car j'estimais être trop marqué par mon style *Spirou*. *Le Trombone* a été une occasion de me lancer dans un nouveau genre. Certaines ***Idées noires***, je ne les aurais jamais proposées à *Spirou* et je me retrouve à *Fluide Glacial* avec beaucoup de plaisir. Il y a là des gens et un esprit que j'aime bien. Malheureusement, il y a la disparition du délicieux Alexis qui avait un talent prodigieux, c'était un des dessinateurs réalistes français les plus doués. Il avait le bon goût de ne pas prendre son dessin au sérieux et de s'en servir pour faire de la caricature.

Estimez-vous que vos scénarios sont contestataires ? Vous vous attaquez à l'armée, à la religion...

Oh, contestataires, c'est beaucoup dire. L'armée, oui, bon... Je n'ai jamais fait l'armée, moi. Mais évidemment, je déteste cordialement tout ce qui est militaire. Il se trouve que je suis plus sensibilisé à ça qu'à certaines autres choses. À dire vrai, je ne suis en fin de compte anti rien du tout, même si je suis intimement convaincu que les personnes vraiment civilisées devraient être prises de vomissements à chaque fois qu'elles aperçoivent une de ces machines de guerre. Mais bien sûr, nous traînons un lourd passé derrière nous. Les « héros » sont toujours des types qui ont gagné leurs galons en frappant très fort sur la tête de leur ennemi. Et, bien souvent, la glorieuse histoire de nos cultures si civilisées ne repose sur rien de plus qu'une succession de massacres effroyables. Il suffit de lire la Bible !

Vous portez un regard très critique sur la religion dans quelques *Idées noires*...

J'y ai été trimballé toute ma jeunesse... J'ai commencé chez les Petits Frères, puis je suis passé aux Petits Pères, puis Saint-Luc... Ce qui m'énerve, c'est qu'on envoie des jeunes, pendant les années les plus importantes de leur vie, chez les ayatollahs. Je trouve que c'est pour le moins du temps perdu. Je ne dis pas que je ne respecte pas les idées de tout le monde – il n'est pas question de respect là-dedans – mais je voudrais que tout le monde soit libre. Ceux qui ont envie de s'adonner à une religion doivent pouvoir le faire. Mais personnellement, je trouve très dommage d'avoir été envoyé pour faire mon éducation chez les représentants d'une secte (voir page 84-85). Pour moi, une religion, c'est une secte qui a réussi... C'est bramer en regardant le ciel vide. Ceux qui sont de l'autre côté de la Terre font la même chose en regardant dans l'autre sens ! Ça les a emmerdés, le fait que la Terre soit ronde !... Je trouve qu'on devrait pouvoir choisir plus tard. Bon, il y a des gens beaucoup plus intelligents et cultivés que moi qui sont chrétiens et d'autres qui ne le sont pas ; il est évident que ce n'est pas un critère. Il y a une chose dont je suis bien certain en tout cas, c'est que le dieu qu'on m'a appris quand j'étais petit : c'est faux. Ce n'est pas ça. Dire qu'un dieu infiniment puissant et infiniment bon aurait fabriqué ce monde-là... Ça ne tient pas ! Je ne comprends pas pourquoi nous sommes là, je ne comprends pas la raison de ce monde ; je le trouve absurde... Mais avec mon tout petit cerveau, étant donné les dimensions de l'univers, ce n'est pas moi, le machin sur cette petite boule parmi des milliards de boules, qui vais comprendre tout ça. Et il se fait que je n'ai pas besoin de le comprendre ! Je crois qu'on sort d'un néant et qu'on y retournera malheureusement.

Sans religion, est-on plus conscient de ses limites ?

Je crois que sans religion, on est obligé d'affronter. J'ai fait un infarctus, j'étais persuadé que j'allais mourir dans la nuit. Et je me suis rendu compte que je n'avais pas du tout peur de la mort. J'avais une foutue trouille de souffrir mais pas celle de mourir ; ça m'emmerdait pour les autres, pas pour moi. Mais non, je n'ai pas besoin d'irrationnel... L'irrationnel, on en a tellement abusé, on en a tellement servi dans des buts lucratifs, à des fins de pouvoir, pour régner sur les gens, les dominer, etc. Au moment du plein essor de la religion catholique, à chaque moment de la journée, il y avait quelque chose à faire, à dire... Le petit bouquin de Khomeini dit même comment tu dois pisser, déféquer, etc. !

« La glorieuse histoire de nos cultures si civilisées ne repose sur rien de plus qu'une succession de massacres effroyables. Il suffit de lire la Bible ! »

« *J'ai fait une déprime abominable après les* Idées noires *mais je ne vois pas de relation de cause à effet.* »

J'ai une amie, beaucoup plus jeune que moi, qui a encore dû se laver sous sa chemise, chez les religieuses! Des machins comme ça : l'horreur du corps, la femme est un cloaque... Moi, tout ce que les religions trimballent, ça me renverse.

En général, vous n'aimez pas les institutions?

Je n'ai pas beaucoup de respect pour le pouvoir. J'avais lu un ou deux bouquins sur la bataille de Stalingrad pendant la dernière guerre, et, un jour, j'ai vu la relève de la garde russe, et j'ai constaté qu'ils faisaient le pas de l'oie en y arrivant. Je me suis dit, merde, ces types n'ont rien compris du tout. Parce que les gens qui mécanisent ainsi le bonhomme, c'est se foutre de sa gueule. Le premier chef ou le premier roi qui a trouvé ça a dû bien rigoler! Il a dû inviter son voisin pour lui dire : « *Regarde ce que je fais faire à ces cons! Ce n'est pas possible! Regarde, c'est des vraies machines, et pendant qu'ils font ça, ils ne peuvent pas penser! Ils pensent tout juste à être dans l'alignement et à ne pas botter le cul du type qui est devant! Et c'est tout juste si on ne les remonte pas!* »

Il y a malgré tout un peu d'optimisme dans les *Idées noires*...

Ah, je ne sais pas... Je crois que les ***Idées noires*** étaient toujours faites pour faire rire, mais avec méchanceté : certaines sont très méchantes, c'est évident, qui se foutent même de l'espoir (le petit couple qui survit à la guerre atomique, qui recommence tout et... frappe des grenades pour faire du feu. C'est assez méchant!)

Les *Idées noires* sont-elles la cause ou la conséquence de votre dépression?

Quand j'ai réalisé les ***Idées noires***, j'étais normal. Depuis lors, je l'ai moins été... J'ai fait une déprime abominable après les ***Idées noires*** mais je ne vois pas de relation de cause à effet. Je suppose que tout est un peu lié. Vous voulez dessiner parce que vous êtes déprimé, mais finalement tout ce que vous arrivez à faire, c'est coucher vos humeurs dépressives sur papier. Je sais maintenant que chez moi, la dépression est innée, congénitale. C'est du moins ce que disent les médecins. Je ne peux rien y faire... Et ça me rassure (*rires*)! Les pessimistes finissent toujours par avoir raison! Surtout quand ils arrivent à fermer leur grande gueule.

Mais peut-on encore être optimiste dans le monde où nous vivons?

Justement, non! Nous menons une petite vie bien rangée, nous nageons dans le luxe. Notre société a atteint un tel degré de civilisation que, chaque soir, la télévision nous abreuve de plus de malheurs et de scandales que nous ne pouvons en emmagasiner. Certaines personnes ont tout oublié dès le lendemain... Moi je n'y arrive pas. Je conserve tout en moi.

Pensez-vous que vous pouvez y changer quelque chose en tant qu'artiste?

Il m'arrive de le penser, quand je suis en train de dessiner. Mais, en fait, je ne suis pas quelqu'un d'« engagé ». Je suis vraiment un type superficiel. Je suis un dilettante de l'humour. Je dessine des gags... et s'ils arrivent à me faire rire, j'espère qu'ils amuseront le lecteur aussi.

Page de gauche, en haut, à gauche : Franquin chez lui dédicaçant un album de *Gaston* (Bruxelle, 1977) ©Paul Godefroy

colonne de droite : Illustration de Franquin pour la page autopromo, *Fluide Glacial* n°59, 1981

Page de droite, en haut : Illustration de Franquin pour l'édito du *Fluide Glacial* n°55, 1981

colonne de droite : Dédicace de Franquin à Xavier Zeegers, Amnesty International Belgique, 1979

Vous êtes tout compte fait un joyeux pessimiste?

À tous points de vue.

Avez-vous le sentiment d'avoir fait quelque chose qui restera?

C'est une idée qui ne me vient pas! Moi, mes petits dessins, j'en vois surtout les limites et les faiblesses, et j'ai toujours tendance à les comparer à certaines bandes dessinées que je trouve admirables. Sinon je cesserais de dessiner. C'est la maladie de tous les dessinateurs de se comparer à beaucoup plus forts qu'eux. Ils en sont malades! Moi, je refoule ça et je continue à m'amuser et à dessiner dans mon petit domaine.

Vous vous considérez comme un amateur, qui essaie de faire rire les gens. Je suppose que vous êtes pourtant bien conscient de votre propre succès?

Le « succès » que vous rencontrez en tant que dessinateur se mesure au nombre d'albums que vous vendez. C'est vraiment très agréable, bien sûr, mais ce n'est jamais qu'un succès « comptable ». Je trouve tout aussi gratifiant qu'une personne me glisse : « Ce gag-ci et celui-là m'ont bien fait rire » et qu'elle se mette à raconter quelques gaffes de Gaston. Je suis également très heureux de ne pas connaître le genre de succès qui fait que vous êtes reconnu dans la rue… Je ne me sens pas très à l'aise au milieu d'une foule d'inconnus.

Vous considérez-vous comme un humoriste?

Non, je ne suis pas un humoriste, je suis un con, tout à fait normal, qui essaie de rigoler parce qu'il en a besoin et j'ai développé cette espèce de manie de vouloir rire parce que je suis né dans une famille qui ne rigolait pas du tout, une famille triste où il n'y avait pas beaucoup d'humour. Ça me manquait terriblement et j'avais une envie de rire prodigieuse. C'est pour cela que déjà à l'école j'avais une tendance à rigoler, à faire rigoler les autres, mais je ne suis pas un véritable humoriste. Un véritable humoriste, c'est Goscinny par exemple, ou bien un type comme Tillieux en Belgique. Mais moi je ne suis pas un humoriste. Je n'ai pas cette tendance instinctive pour l'humour. ■

Sources :

- *Schtroumpf – Les Cahiers de la bande dessinée* n°47-48, Spécial Franquin, Glénat, Octobre 1980 / Propos recueillis par Jacques Glénat
- *En attendant* n°22, 1979 / Propos recueillis par Jean-Claude de la Royère
- *Intégrale Franquin*, Rombaldi, Juillet 1988 / Propos recueillis par Erwin Cavens
- *Specimen* n°1, Janvier 1981 / Propos recueillis par Jean-Pierre Sculati
- *Hagaaaa* n°40 & 49, 1979
- *Saucysson Magazine* n°4 & 6, 1986
- *Sapristi* n°16, 1988

ILS SONT FORTS CONTRE LES P'TITS ! PAR FRANQUIN | 1977-78 |

En 1978, Franquin réalisa cette double page où il décrit son sentiment sur l'éducation confessionnelle en général et celle qu'il a subie en particulier…

EN CE TEMPS-LÀ, LES TABLEAUX NOIRS ÉTAIENT NOIRS. 'PARAIT QU'ILS SONT VERTS, À PRÉSENT. BAH ! L'IMPORTANT, C'EST CE QU'ON Y ÉCRIT…

CHEZ LES P'TITS FRÈRES, ON NOUS FAISAIT CALLIGRAPHIER SUR NOS FEUILLES DE DEVOIRS, EN HAUT À GAUCHE, J.M.J. : JÉSUS, MARIE, JOSEPH…

PLUS TARD, CHEZ LES BONS PÈRES, J.M.J. FUT REMPLACÉ PAR A.M.D.G., AD MAJOREM DEI GLORIAM : INTELLECTUELLEMENT, NOUS PROGRESSIONS.

BAH ! NOUS ÉTIONS ENCORE DES CHANÇARDS ! EN CE TEMPS-LÀ, BEAUCOUP AVAIENT LE FRAIS MINOIS DE STALINE DANS CHAQUE CLASSE ET D'AUTRES DEVAIENT BÊLER DES LITANIES À LEUR FÜHRER BIEN-AIMÉ. ET DEPUIS LORS…

LES PERSONNALITÉS LES PLUS SYMPATIQUES DU COLLÈGE ÉTAIENT LES VIEUX BANCS PATINÉS QU'AVAIENT TAILLADÉS, CREUSÉS, GRAVÉS, SCULPTÉS LES CANIFS ET L'ENNUI DE CENTAINES DE GARS PENDANT D'INTERMINABLES HEURES DE "RETENUE". *

DANS LES ENCRIERS, SORTES DE CHAMPIGNONS CREUX, ON VERSAIT UNE ENCRE QUI NE SENTAIT PAS TRÈS BON ET NE MARQUAIT PAS TRÈS FORT...

UN AUTRE MÉLANGE, PAR CONTRE, ÉTAIT BEAUCOUP MOINS DÉLÉBILE : IL FALLAIT DES ANNÉES POUR EN FAIRE DISPARAÎTRE LES TRACES D'UN CERVEAU, SI ON VOULAIT UTILISER CELUI-CI POUR PENSER PAR SOI-MÊME.

J'ESPÈRE QU'AUJOURD'HUI LES MATIÈRES PREMIÈRES SONT DE MEILLEURE QUALITÉ. MAIS C'EST ÉGAL, CES ADULTES,

ILS SONT FORTS CONTRE LES P'TITS !

Franquin 77-78

IL NE FAUT PAS CONFONDRE FOI DANS CURÉ ET CUL D'ENFOIRÉ.

IL NE FAUT PAS CONFONDRE CRUCIFIÉ ET PENSÉ LUI FAIRE CONFIANCE.

AYANT COMPRIS QUE C'ÉTAIT LE SOLEIL QUI DORAIT LE MAÏS ET FAISAIT MÛRIR LES TOMATES, ILS EN FIRENT UN DIEU ET L'ADORÈRENT.
ET UN GRAND-PRÊTRE EUT UNE IDÉE VRAIMENT GRANDIOSE...
...ET SI, UN MATIN, LE DIEU SOLEIL DÉCIDAIT DE, HIPS, DE NE PAS REVENIR, HEIN? HEIN? HIPS?... JE VOUS LE DIS : 'FAUT LUI OFFRIR DES SACRIFICES !
ON N'A PAS LÉSINÉ : ON IMMOLA DES VIERGES, DES JEUNES GENS, DES ENFANTS, DES PRISONNIERS DE MARQUE. LA TECHNIQUE ?...
?
RRÂÂÂH
TCHAC
ON OUVRE VITE, POUR SORTIR LE CŒUR ENCORE VIVANT, ON LE MONTRE AU DIEU ET ON LE JETTE SUR UN FEU DONT LA FUMÉE MONTE VERS LUI. BREF, UNE BIEN BELLE CÉRÉMONIE !
AU SUIVANT
PLOCPLOC PLOCPLOC PLOC...
CRRIIIICH
HOOHÉ ! LES ÉCORCHEURS NE SUIVENT PAS, EN BAS ...
RRÂÂH
RRÂÂH
MAIS LUI, IL N'A PAS SUPPORTÉ LONGTEMPS LEUR SALE CHARCUTERIE ET LEUR BARBECUE PUANT. ET IL A FOUTU LE CAMP...
OH ! IL EST REVENU, MAIS VOUS SAVEZ CE QUE LES SAVANTS APPELLENT LES "PROTUBÉRANCES ÉRUPTIVES" ? HÉ ! BIEN C'EST LE SOLEIL QUI DÉGUEULE EN NOUS REGARDANT.
BLLÊÊÂÂARGL
50
Franquin

PFFOAH ! IL Y A DES PAYS… LES GENS N'Y SONT JAMAIS TRANQUILLES…
ON LES COFFRE POUR UN RIEN…
LÀ, LES CAMPS… LÀ, LES TORTURES…
PARTOUT LES ARRESTATIONS…
AVOUE, SALAUD ! TU VAS AVOUER, OUI ?
…ENCORE QUELQUES TOURS DE MANIVELLE ET TU VAS VOIR COMMENT TU VAS NOUS LES DONNER, LES NOMS !
DZIIIIII
ENNEMI DU RÉGIME… TENDANCES ASOCIALES À CARACTÈRE DIVAGATOIRE…
DIPHÉNYL-CONFORMOL… HÉBÉTATE DE SOUFRE… EXCELLENT CONTRE LA SCHIZOPHRÉNIE RÉFORMISTE.
TU VOIS, ORDURE ? CE QUI LUI ARRIVE, C'EST TA FAUTE ! TU N'AVAIS QU'À PARLER !…
VINGT ANS D'INTERNEMENT, PLUS DIX ANS D'EXIL INTÉRIEUR, PLUS CINQ DE RÉSIDENCE SURVEILLÉE…
…MAIS APRÈS, JE POURRAI RETOURNER À L'ASILE PSYCHIATRIQUE !
CRÈVE, CHIEN ! ET QUE TA MORT POUILLEUSE SERVE D'EXEMPLE !
À MORT !
À MORT !
TRAÎTRE
PFFOUH ! CE N'ÉTAIT QU'UN CAUCHEMAR !
?
Franquin + DELPORTE
…MAIS C'EST AUSSI LA RÉALITÉ, EN CE MOMENT MÊME…
…EN CE MOMENT MÊME, DES GENS SONT INTERNÉS, BATTUS, TORTURÉS, LIQUIDÉS PARCE QU'ILS PENSENT AUTREMENT QUE LE POUVOIR…
NE LAISSEZ PAS FAIRE ! ADHÉREZ À
AMNESTY INTERNATIONAL

LA PLUME DE COMBAT

PAR **GÉRARD VIRY-BABEL** | 2016

Après *Le Trombone illustré*, les *Idées noires* n'auraient pas fait tache dans les colonnes de *Charlie Hebdo*, pourtant c'est dans *Fluide Glacial*, un journal « politiquement dégagé », qu'elles ont atterri.

Avec le recul, il paraît logique qu'elles aient trouvé asile dans le journal de Gotlib : un compromis entre *Spirou* et *Charlie*… Et puis, Gotlib les lui avait réclamées à cor et à cri ! « *Franquin ne collaborait pas, ou rarement, avec un journal où il n'avait pas de lien humain*, se souvient sa fille Isabelle. *Il avait besoin de ça.* »

Malgré cela, Franquin n'était pas exempt d'opinion politique. « *Mon père était quelqu'un de très droit*, poursuit Isabelle Franquin. *Ce n'est pas quelqu'un qui pratiquait le mensonge ou la langue de bois. Alors beaucoup de choses le choquaient chez les politiques et dans leurs discours. Il avait des sympathies de gauche, il adorait Michel Rocard. Il n'avait en revanche de sympathie pour Mitterrand que parce qu'il représentait le retour de la gauche au pouvoir. Un jour il y a eu une manifestation d'infirmières qui réclamaient de meilleures conditions de travail, et les CRS ont disloqué le cortège à la lance à eau. Cela l'a rendu fou de rage ! Il trouvait que c'était une honte pour un parti au pouvoir se voulant de gauche que de réagir de la sorte, qui plus est face à des revendications légitimes. Ces choses n'arrangeaient pas son regard sur le monde, ça alimentait en eau son moulin…* »

Franquin a pourtant, en quelques occasions, sorti la plume de combat pour soutenir des causes qui le méritaient. Ainsi quand, en 1977, la section belge d'Amnesty International – organisation lauréate la même année du prix Nobel de la paix – lui demande de participer à une grande campagne contre la torture et l'abolition de la peine de mort, il n'hésite pas, et offre à la cause une planche d'anthologie en collaboration avec Delporte[1] : une planche choc de ***Gaston*** (cf page 99), trempée dans l'encre des ***Idées noires***. Xavier Zeegers, membre d'Amnesty Belgique à cette époque, en résume fort justement la teneur : « *Il fut un temps où l'ordinateur n'existait pas, ni les GSM* (téléphone portable en luxo-belge, ndlr)*, ni les réseaux sociaux. Les ONG se mobilisaient pour de grandes causes, certes, mais surtout pour se faire connaître. Amnesty tira bien son épingle du jeu, grâce à un engagement focalisé sur quelques droits humains impératifs : non aux emprisonnements arbitraires, à la torture, à la peine de mort. Le prix Nobel de la paix en 1977 accrut bigrement sa visibilité, et entraîna de larges appuis, dont celui d'André Franquin, abolitionniste acharné. Le dessinateur offrit une planche à l'association. En quelques cases, tout est esquissé sur le goulag, les internements psychiatriques, les pendaisons publiques, la guillotine, la gégène si chère aux paras lepénistes…*
Certains s'étonnèrent de l'ardeur ravageuse de cette planche. Pourtant, à l'époque, Franquin dessine déjà des monstres, prémices des **Idées noires**, *là où le sort de la planète est déjà scellé à ses yeux. La noirceur absolue du scénario, celle du trait forcément en noir et blanc, l'horreur des comportements humains –y compris dans leur inhumanité qui en fait partie–, tout reflète sa vision désespérante.* »

C'est dans le même esprit que Franquin collabora un temps à l'hebdomadaire Belge *Pour*. Journal libertaire, fondé en 1973 par Jean-Claude Garot dans la lignée des évènements de Mai 68, il avait tout pour plaire à Franquin : sa ligne éditoriale, sociale, anti nucléaire, antimilitariste, abordait toute les thématiques progressistes de gauche, du féminisme à l'écologie politique.

En haut :
Illustration de Franquin pour l'UNICEF (années 1980)

en bas :
Illustration de Franquin pour un article de Jean-Claude Garot sur l'incendie du journal *Pour* (mars 1982)

[1] Plusieurs autres dessinateurs ont participé à cette campagne tel Frédéric Jannin dont la planche est de nouveau scénarisée par l'inoxydable Yvan Delporte.

En haut : Strip réalisé par Franquin, suite à l'attentat, pour une levée de fonds au profit de *Pour* (1982)

En bas à gauche : Illustration de Franquin pour l'article de Jean-Claude Garot sur l'incendie de *Pour* (mars 1982)

En bas à droite : Illustrations de Franquin pour l'article de Jean-Claude Garot (mars 1982)

De l'aveu même d'Isabelle Franquin : *Pour*, et surtout son fondateur Jean-Claude Garot, « *mettait le doigt sur des choses qui révoltaient mon père* ». La rencontre entre les deux hommes remonte à octobre 1965 quand Garot, étudiant à l'université de Bruxelles et syndicaliste engagé, décide de lancer un magazine qui ne serait pas étudiant ou « fanzineux » mais philosophiquement, politiquement, et socialement plus sérieux. C'est ainsi que naît *Le Point* : « *Le numéro 1 du journal contenait une longue interview de Pierre Mendès France, et toute une série de rubriques faites par des philosophes, des historiens, etc.*, nous confie Jean-Claude Garot. *Et pour la rubrique Bande dessinée, dont on était très amateurs, j'avais souhaité interviewer Franquin. Il m'a donc reçu chez lui très très chaleureusement. C'était un type d'une gentillesse extraordinaire ! Je lui ai expliqué nos motivations, qu'on souhaitait d'abord faire une petite interview mais qu'au-delà on aurait aimé qu'il collabore au journal, bien sûr sans le moindre budget… Et il a accepté !* »

Franquin a été touché par l'enthousiasme et la culture de ce jeune étudiant, et une relation solide et continue est née entre les deux hommes. Le dessinateur leur offrit régulièrement et gratuitement des planches de Gaston. La revue a prospéré pendant quelques années et était très populaire en Belgique et en France, écoulant jusqu'à 100 000 exemplaires, avec des intervenants aussi prestigieux que Sartre ou Aragon. Puis la revue fut interdite suite aux évènements de 68. « *C'est comme ça que nous avons eu l'idée de créer un hebdomadaire libre,* Pour, *dont le vrai nom était "Pour écrire la liberté"*, poursuit Garot. *Nous voulions traiter des luttes sociales, économiques, culturelles, et souhaitions un journal autoproduit, sans publicité, et où nous serions à la fois journalistes, graphistes et même ouvriers imprimeurs : nous avons fait l'acquisition d'une rotative pour nous imprimer nous-mêmes ! J'ai ainsi été rédacteur en chef et conducteur de la rotative à journaux pendant onze ans !!!* » Un des chevaux de bataille du journal était la dénonciation des mouvements d'extrême droite belges, en particulier le Vlaamse Militanten Orde (« Ordre des Militants flamands »). Dans la nuit du 5 juillet 1981, la rédaction et l'imprimerie sont littéralement soufflées par treize bombes incendiaires… Le forfait porte la signature de militants néo-nazis. Cet évènement, extrêmement médiatisé, fait couler beaucoup d'encre. Franquin se solidarise immédiatement avec le journal et propose son soutien à tous points de vue ! « *Il a alerté tout ce qu'il avait d'amis dessinateurs qui nous ont fait plein de dessins originaux à vendre pour nous soutenir financièrement. Franquin lui-même a fait ce petit strip avec un petit bonhome brûlé au chalumeau qui crie "danger"…* »

Parallèlement, un imprimeur prête gratuitement ses rotatives et le journal reparaît instantanément. Franquin s'implique en livrant plusieurs dessins originaux… « *On peut dire qu'il a "mouillé la chemise"*, se rappelle Garot. *Il a créé des dessins pour différentes rubriques. Ceux qui m'ont le plus marqué constituent toute une série de limaces coiffées de casques allemands siglés SS. Ils ont illustré entre autres mon article qui relatait les faits de l'attentat et signifiaient l'horrible armée de ces néo-nazis rampants partout… Il s'est réellement montré très solidaire et en colère : dénonçant les attentats fascistes et défendant notre cause avec beaucoup de chaleur humaine.* »

« Il s'est réellement montré très solidaire […] en défendant notre cause avec beaucoup de chaleur humaine. »

De cette collaboration au journal et de leurs nombreux échanges, Jean-Claude Garot retient que Franquin ne tenait jamais de discours politicien : « *C'étaient des valeurs morales, philosophiques, humaines, de la générosité. Des idées progressistes et humanistes très fortes mais qui n'étaient en aucun cas étiquetées. C'était un homme formidable : sur le plan humain, il était réellement impossible de ne pas s'entendre avec lui !* »

IL NE FAUT PAS CONFONDRE PÂLE CAPITAINE ET PEINE CAPITALE.
LA LOI EST FORMELLE : TOUTE PERSONNE QUI EN TUERA VOLONTAIREMENT UNE AUTRE AURA LA TÊTE TRANCHÉE. QUE LE BOURREAU FASSE SON OFFICE !
PAR ICI, MON AMI.
FFRRRROUM
TCHHOP
ET VOILÀ UNE BONNE CHOSE DE FAITE ...
DÉSOLÉ, MAIS LA LOI EST FORMELLE : TOUTE PERSONNE QUI EN TUERA VOLONTAIREMENT UNE AUTRE...
TCHHOP
13
DELPORTE ET Franquin

IL NE FAUT PAS CONFONDRE LA TÊTE PRÈS DU BONNET ET LE COUPERET DE LA TÊTE.

JE SUIS LE PREMIER À TROUVER LA FAILLE DANS LEUR VACHE DE SYSTÈME...
AAAH ?! ON NE S'ÉVADE PAS DE BACKWARDS ROCK ?!! ...
ET ÇA C'EST POUR QUI, HHMM ? SALAUDS !
VIEUX GARS. T'ES REPARTI POUR UNE NOUVELLE VIE, OUAIS !!
AAAH ?! ON NE S'ÉVADE PAS DE BACKWARDS ROCK ?!! ...
ET ÇA C'EST POUR QUI, HHMM ? SALAUDS !
VIEUX GARS. T'ES REPARTI POUR UNE NOUVELLE VIE, OUAIS !!
AAAH ?! ON NE S'ÉVADE PAS DE BACKWARDS ROCK ?!! ...
ET ÇA C'EST POUR QUI, HHMM ? SALAUDS !
VIEUX GARS. T'ES REPARTI POUR UNE NOUVELLE VIE, OUAIS !!
54
ILS SONT BÊTES, CHEZ FLUIDE ! JE TIENS LÀ UN SUJET QUI PEUT FAIRE UN ALBUM — OU DEUX — DE CENT, CENT CINQUANTE PAGES, INTITULÉ "L'ÉVASION". CE SERAIT HALLUCINANT !...
Franquin
ILS VEULENT PAS !!

JOUONS POUR NOUS CHANGER LES IDÉES

RÉBUS

Yvan DELPORTE
André FRANQUIN
Frédéric JANNIN

Rébus réalisé pour le hors-série célébrant les 20 ans de *Fluide Glacial* (1er avril 1995)

SOLUTION : 1 : FLUX HIDEUX - 2 : GLAS SCIE ALLAH
3 : 20 INSECTES DIPTÈRES TABANIDÉS
(FLUIDE GLACIAL A VINGT MOUCHES)

RÉBUS RUSSES

PAR **DELPORTE, FRANQUIN, JANNIN ET GOTLIB** | *FLUIDE GLACIAL* N°27 | 1978

C'EST UNE PAGE DE RÉBUS RUSSES. OUAIS. C'EST DELPORTE QUI LES A INVENTÉS À LUI TOUT SEUL. CHAQUE RÉBUS (IL Y EN A SIX), C'EST UN MUSICIEN RUSSE. À VOUS DE TROUVER LES SIX NOMS. COMME C'EST VACHEMENT DUR, ON VOUS LES MET PHONÉTIQUEMENT. PARCE QUE C'EST ASSEZ INTELLECTUEL ALORS C'EST POUR VOUS AIDER. PARCE QUE DELPORTE, C'EST UN INTELLECTUEL. C'EST FRANQUIN, JANNIN ET GOTLIB (*) QUI LES ONT DESSINÉS. ET JUSTEMENT, C'EST DES INTELLECTUELS AUSSI.

(ÇA TOMBE BIEN)

(MAIS SANS ÇA C'EST DELPORTE QUI LES A TOUS INVENTÉS)

(*) C'EST MOI. SALUT.

MOTS CROISÉS SPÉCIAL FRANQUIN

PAR **GOTLIB** | EDITO DU *FLUIDE GLACIAL* N°97 | 1984

(SOLUTIONS PAGE 120)

« À l'occasion de la sortie de l'album ***Idées noires***, tome 2, je me suis fendu d'une grille de mots croisés.

C'est un peu vaseux sur les bords, mais après tout, ça n'est pas ma spécialité. J'ai fait ça pour m'amuser. Que Robert Scipion, le Crack des Cracks des "verbicrucistes" en fasse donc autant avec une page de BD, juste pour s'amuser et on comparera ! Lui qui a défini dans l'une de ses grilles la bande dessinée par cette formulation infamante : "L'ENFANCE DE L'ART" !... (Pour cette définition, j'ai failli lui envoyer mes témoins).

Mais trêve de rancune, oublions les injures, allez hop !... À vos crayons et gommes !... Pensez bien à Franquin pour les solutions, et s'il vous plaît... ne tirez pas sur le pianiste. »

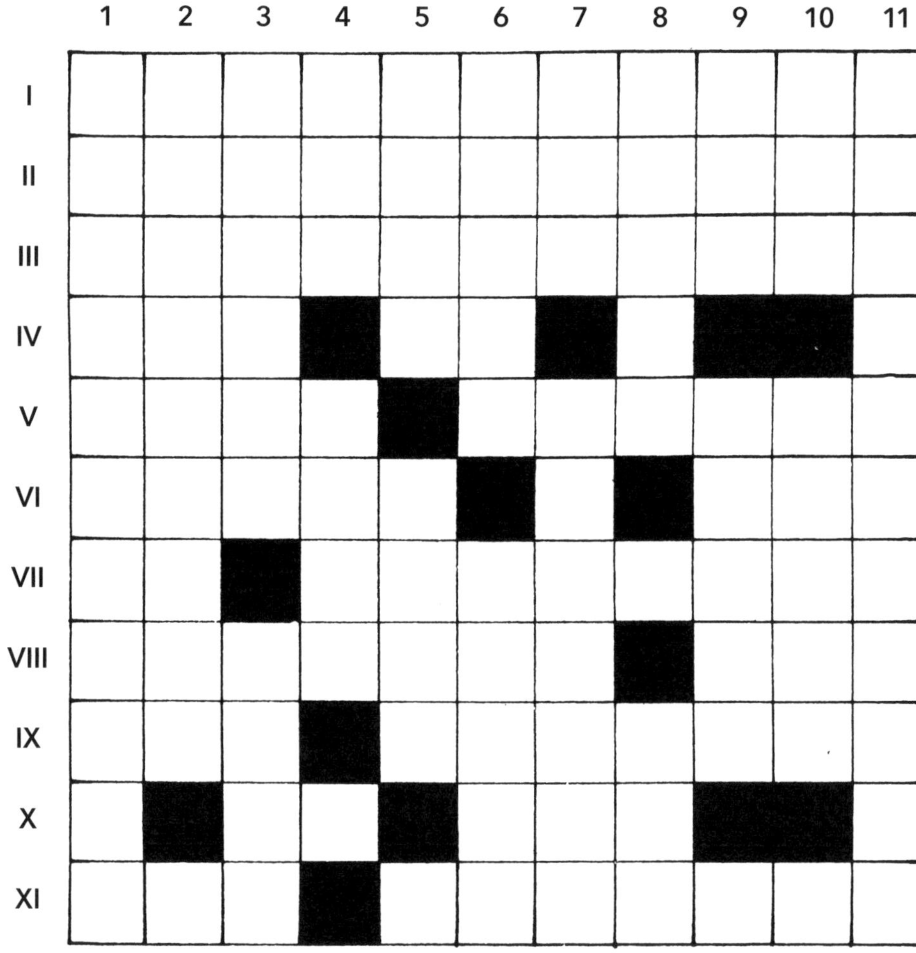

HORIZONTALEMENT

I – Variété de pensées à motifs bicolores. **II** – Ni impuissant, ni sourd, ni fou, et pourtant il fait plein de trucs avec sa queue. **III** – Bled pourri à parasites. **IV** – À suivre. – Fin d'infinitif. **V** – Inversement proportionnels aux poils, dans la main de Gaston. – Une bestiole également connue pour sa queue. **VI** – Littéralement passé à gauche. – De gré ou de force, ça dépend du sens. **VII** – Consonnes. – Est incapable de mener à bien sa politique contractuelle. **VIII** – Ça n'est pas en perdant sa cigarette qu'il a cessé de faire fumer son entourage. – En plein dans le coaltar. **IX** – Avec ça, pas de « Trop-perçu ». – Une tonnelle ouverte sur l'arrière. **X** – Dans un cœur, à côté de MJ. – Romains. **XI** – Il aurait mieux valu que cette dépêche tombât dans le courrier de Gaston. – Très loin de Zorro, malgré son paraphe.

VERTICALEMENT

1 – De Cambrai... mais de partout ailleurs aussi, hélas. **2** – Le quatrième du tiercé. **3** – On peut l'avoir à l'estomac mais ça a tendance à remonter. – Gaston provoquant pliures, torsions et écroulements. **4** – Un coin assez connu de l'Eden. – C'est là-dessus que Gaston s'étend avec le plus de complaisance. **5** – ...Que si l'on Sancerre. – Jouait avec de l'argent aux côtés de Muni. **6** – Paner pané. – Folon folingue. **7** – Huile anglaise ou langue française. – Empêcher de se casser. **8** – C'est ici, plus qu'ailleurs, le produit d'une tête à l'envers. – À moitié nigaud. **9** – Rua dans tous les sens. – Une tour où il fallait prendre garde. **10** – Quand la mer est démontée. – Un singe à qui il s'en fallut de peu pour être joyeux. **11** – Avec les compliments (et les excuses) de l'Auteur.

RÉBUS

PAR **FRANQUIN** | 1978

SOLUTION : UN CANON DE 75

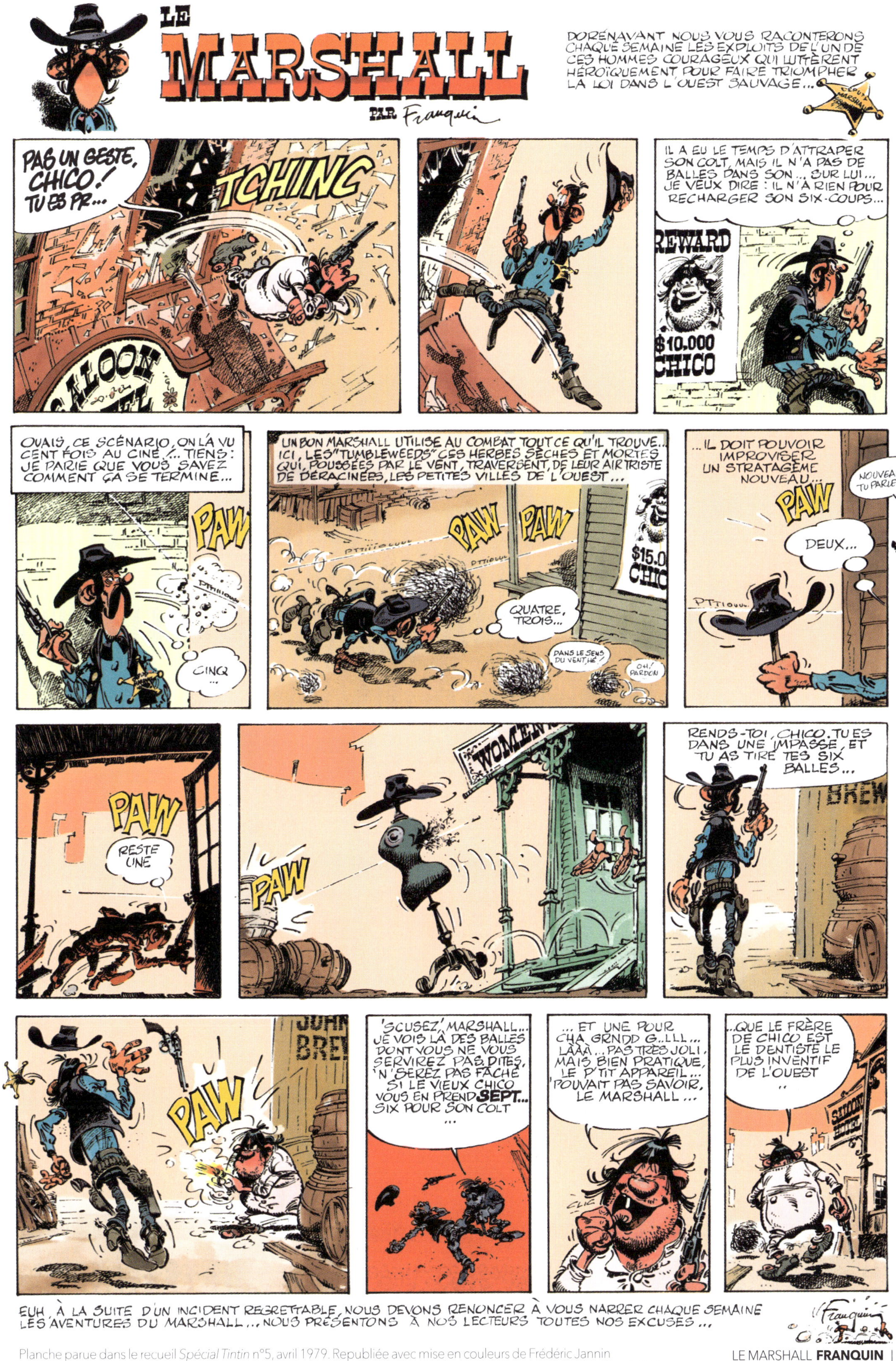

Planche parue dans le recueil *Spécial Tintin* n°5, avril 1979. Republiée avec mise en couleurs de Frédéric Jannin d'après Franquin dans *La Grande Aventure du journal Tintin 1946-1988* aux éditions Moulinsart / Le Lombard, août 2016.

HARA-KIRI PAR GOTLIB & FRANQUIN | 1978

IL NE FAUT PAS CONFONDRE FUMEUR ENRAGÉ ET MÉGOT-LOMANE.

IL NE FAUT PAS CONFONDRE VULGAIRE IGNORANT ET PLATANE.
...JE NE L'AI PAS PRIS AU SÉRIEUX QUAND IL A PARIÉ QU'IL MOURRAIT PENDU ET NOYÉ DANS UN ACCIDENT DE VOITURE...
18

IL NE FAUT PAS CONFONDRE LES TEMPS SONT SI DURS ET LES VICTIMES S'IMMOLENT.
HÉ! REGARDEZ CE TYPE! QU'EST-CE QU'IL FOUT ?!
NON! PAS ÇA!!
IL EST DINGUE, MERDE!!
ARRÊTEZ-LE!
FAITES QUELQUE CHOSE, NOM DE DIEU!!
GLO GLO GLOB
TROP TARD!
QUELLE HORREUR!
'TTENTION!
TCHIC
ZWOUFFF
C'EST UN SCANDALE!
C'EST ÇA QU'IL APPELLE LA CHASSE AU GASPI, CE CON?!
ÇA CONTIENT QUOI, UN JERRYCAN ?..
'SAIS PAS... VINGT LITRES?
AVEC ÇA JE FAIS DEUX CENT CINQUANTE BORNES, MOI!
ON A BEAU LE LEUR SERINER TOUS LES JOURS À LA RADIO...
CE GÂCHIS!
INCIVIQUE!
34

CATHARSIS PAR **LUZ** | 2015 | EXTRAIT DE L'ALBUM *CATHARSIS*

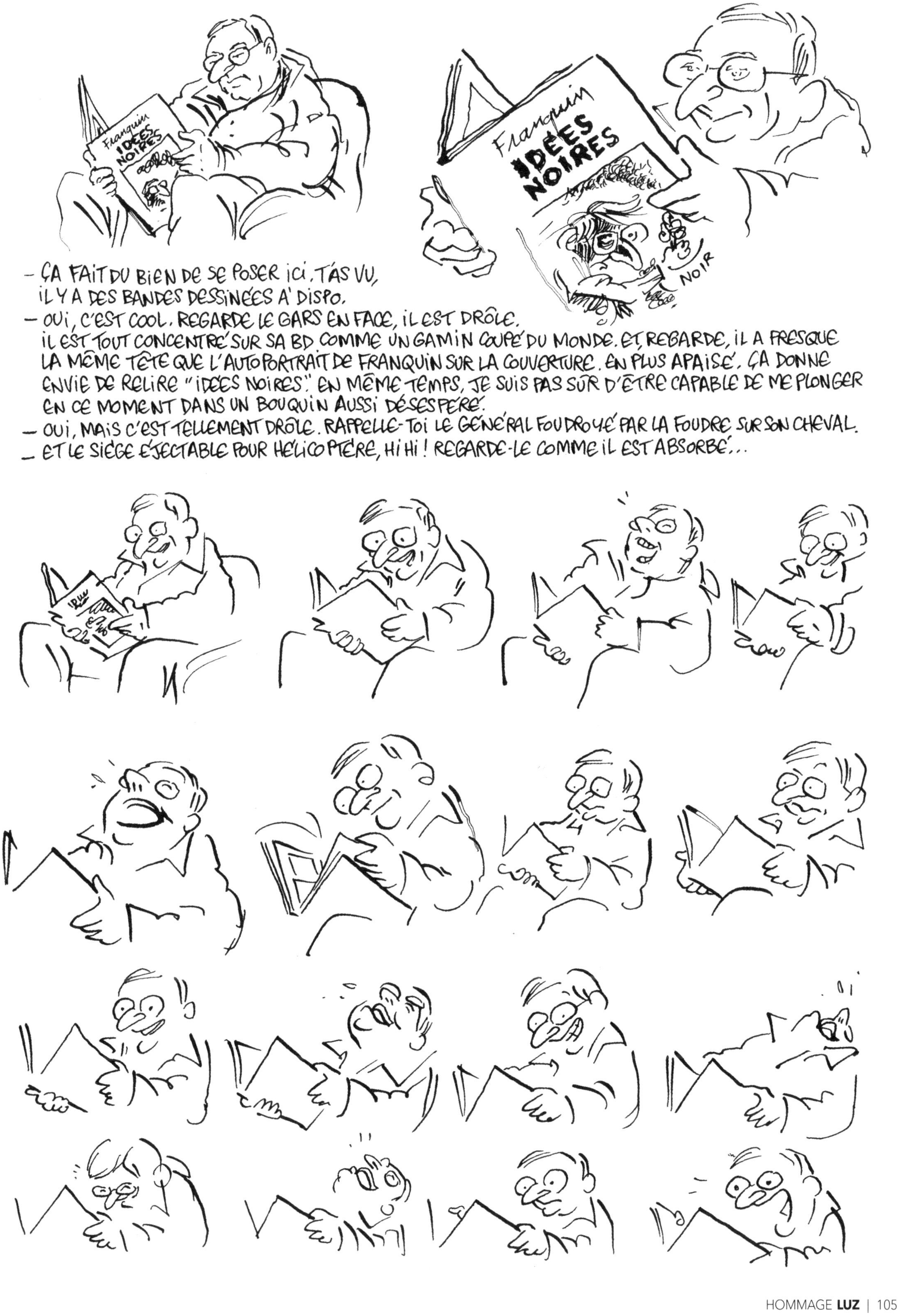
Franquin
IDÉES NOIRES
NOIR
– ÇA FAIT DU BIEN DE SE POSER ICI, T'AS VU,
IL Y A DES BANDES DESSINÉES À DISPO.
– OUI, C'EST COOL. REGARDE LE GARS EN FACE, IL EST DRÔLE.
IL EST TOUT CONCENTRÉ SUR SA BD COMME UN GAMIN COUPÉ DU MONDE. ET, REGARDE, IL A FRESQUE
LA MÊME TÊTE QUE L'AUTOPORTRAIT DE FRANQUIN SUR LA COUVERTURE. EN PLUS APAISÉ. ÇA DONNE
ENVIE DE RELIRE "IDÉES NOIRES". EN MÊME TEMPS, JE SUIS PAS SÛR D'ÊTRE CAPABLE DE ME PLONGER
EN CE MOMENT DANS UN BOUQUIN AUSSI DÉSESPÉRÉ.
– OUI, MAIS C'EST TELLEMENT DRÔLE. RAPPELLE-TOI LE GÉNÉRAL FOUDROYÉ PAR LA FOUDRE SUR SON CHEVAL.
– ET LE SIÈGE ÉJECTABLE POUR HÉLICOPTÈRE, HI HI ! REGARDE-LE COMME IL EST ABSORBÉ...

– HAHAHA, IL ÉTAIT GÉNIAL À SE BIDONNER COMME UN SALE GOSSE.
– AVEC SON PANTALON DE JOGGING COMME S'IL SORTAIT DE L'ÉCOLE AVEC SES AFFAIRES DE SPORT.
– C'ÉTAIT BEAU.
– FRANQUIN ÉTAIT TELLEMENT DÉPRIMÉ POURTANT, QUAND IL A DESSINÉ "IDÉES NOIRES".
– COMME QUOI ON PEUT TOUJOURS DESSINER DES CHOSES BELLES ET DRÔLES, MÊME DANS LE BROUILLARD, MON ANGE.
– TU AS RAISON...
... JE CROIS QUE J'AI ENFIN TROUVÉ MON LECTEUR IDÉAL. J'AURAIS JAMAIS PENSÉ QU'IL PORTERAIT UN JOGGING."

IL NE FAUT PAS CONFONDRE ...SE PERDRE DANS LA MASSE ET ...SE PASSE DANS LA MERDRE.

IL NE FAUT PAS CONFONDRE **SERRER LA MAIN À DES HUILES** ET **GRAISSER LA PATTE.**

IL NE FAUT PAS CONFONDRE CANTONNIER ET QUAND ON N'Y EST PLUS.
RATATATATATATATATA
DEPUIS VINGT ANS, CARLOS LE PORTUGAIS MANIAIT LE MARTEAU-PIQUEUR SUR TOUS LES CHANTIERS DE FRANCE ET D'AILLEURS.
LES TRÉPIDATIONS DE L'INFERNAL ENGIN SECOUAIENT ENCORE SA VIEILLE CARCASSE BIEN APRÈS LES HEURES DE TRAVAIL...
CARLOS AVAIT BIEN TENTÉ DE CHERCHER REFUGE DANS L'ALCOOLISME... IL RÉUSSIT SEULEMENT A S'ÉBORGNER.
SES NUITS AGITÉES NE PROFITAIENT À PERSONNE : CARLOS, HÉLAS, ÉTAIT CÉLIBATAIRE...
SES SEULES JOIES ÉTAIENT DE LONGUES PROMENADES À TRAVERS LA CAMPAGNE, EN COMPAGNIE DE SON NEVEU FIFI. IL CONNAISSAIT LE NOM DE CHAQUE OISEAU, ET EN TIRAIT UNE LÉGITIME FIERTÉ
C'EST QUOI, ÇA, TONTON?
ÇA? C'EST OUNE SITTELLE TORCHEPOT...
HOP
HOP
HOP
ET LUI?
ÇA, C'EST OUN TRAQUET MOTTEUX...
RATATATATATA
ET CELUI-LÀ, TONTON, C'EST QUOI?
FILHO DA PUTA DE PASSARO DE MERDA!
BEN POURQUOI, TONTON?
POURQUOI?
SPROTCH
SCROATCH
36
TEXTE LUCE
Franquin

FABLE :
LE PÉTOMANE ET LE RENARD
MAÎTRE PÉTOMANE, SUR UN ARBRE PERCHÉ,
TENAIT EN SON BEC UN FROMAGE...
...MAÎTRE RENARD, PAR L'ODEUR ALLÉCHÉ,
SNIF SNIF SNIF SNIF
...LUI TINT À PEU PRÈS CE LANGAGE :
HÉ ! BONJOUR, MONSIEUR DU PÉTOMANE !
?
QUE VOUS DEVEZ DONC ÊTRE UN DIVIN MÉLOMANE !
VOTRE VIOLON, SÛREMENT, VAUT CELUI D'UN TZIGANE ! ET VOTRE VOIX, SANS DOUTE, CELLE D'UNE GITANE !
À CES MOTS, L'PÉTOMANE NE SE SENT PLUS DE JOIE,

...ET POUR MONTRER SA BELLE VOIX,
IL OUVRE UN LARGE BEC, LAISSE TOMBER SA PROIE.
TRÔOMPFFRRBLLB
LE RENARD S'EN SAISIT ET DIT:
MON BON MONSIEUR,
APPRENEZ QUE VOTRE FROMAGE SENT LE CACA ...
... ALORS, VOUS POUVEZ LE REPRENDRE, J'EN VEUX PAS.
L'PÉTOMANE, HEUREUX, Ô COMBIEN,
OUF!
PUT AINSI, AISÉMENT RÉCUPÉRER SON BIEN.
MORALITÉ:
SI ON NE VEUT PAS SE FAIRE AVOIR DANS UNE FABLE DE LA FONTAINE, VAUT MIEUX ÊTRE PÉTOMANE QUE CORBEAU.
GOTLIB
ET

LE JOUR OÙ FRANQUIN CHASSA MES IDÉES NOIRES

PAR **FABRICE ERRE** | 2016

AINSI DONC, LE JOUR DIT, ANDRÉ FRANQUIN APPARUT.
ET IL ME DONNA UN DESSIN.
APRÈS QUOI IL REPRIT DEUX FOIS DU CASSOULET ET NOUS FIT FAIRE DES PETITS CROQUIS TOUTE LA SOIRÉE EN PLAISANTANT.
GRÂCE À QUELQUES ONOMATOPÉES QUE JE PARVINS À EXPRIMER, J'AI BON ESPOIR QU'IL NE M'AIT PAS CONFONDU AVEC UNE MOTTE DE BEURRE POSÉE LÀ PAR HASARD.
ENFIN, FRANQUIN REPARTIT VERS D'AUTRES AVENTURES EN EMPORTANT MES IDÉES NOIRES.
QU'EN A-T-IL FAIT ? MYSTÈRE.
QU'EST-CE QUE TU AS ENCORE RAMENÉ, ANDRÉ ?
MA LEUCÉMIE FUT VAINCUE QUELQUES MOIS PLUS TARD.
PUIS LE MUR DE BERLIN TOMBA.
L'URSS DISPARUT.
ET LA VIE RETROUVA SON COURS.
JE DÉCIDAI ALORS DE LA CONSACRER À LA BANDE DESSINÉE QUI M'AVAIT TIRÉ D'UN SI MAUVAIS PAS !
(J'AURAIS PU LA CONSACRER À LA CHIMIOTHÉRAPIE QUI M'AVAIT BIEN UN PEU AIDÉ AUSSI, MAIS FINALEMENT NON.)
QUAND SOUDAIN, UNE TRAGIQUE VÉRITÉ S'IMPOSA !!
CETTE RENCONTRE TANT ATTENDUE AVAIT CHASSÉ À TOUT JAMAIS MES OBSCURES PENSÉES DE MANIÈRE CATASTROPHIQUE !
COMMENT VOULEZ-VOUS SANS ELLES ESPÉRER DESSINER UN JOUR UNE ŒUVRE AUSSI PUISSANTE QUE LES "IDÉES NOIRES" ?!*
PROUT !
JE ME VOYAIS CONDAMNÉ À GRIBOUILLER DE FUTILES PANTALONNADES POUR LES SIÈCLES DES SIÈCLES !...
ALORS MOI JE DIS MERCI BIEN ANDRÉ FRANQUIN.
FABRICE ERRE
*ÉDITIONS AUDIE

IL NE FAUT PAS CONFONDRE TON DESSIN DE NUIT ET TAPAGE NOCTURNE.

IL NE FAUT PAS CONFONDRE L'INÉLUCTABLE MARCHE DU SORT ET LE DESTIN ANIMÉ.

TRALALÂÂ
TURLUÛÛT
HIHIHIHIHI!
HAHAHA
GLOP GLOP
YOUPIiiiiE
HÉHÉ!
ADADAA
AMUSANT...
HIHIHI
ZOU
AVANCEZ
À LA UNE, À LA DEUX...
FAITES PLACE...
HÉ HO!
ALLEZ, ALLEZ, HOP!
POUSSEZ PAS, DERRIÈRE...
MAIS AVANCEZ, QUOI...
MINUTE
OUAIS MAIS, HÉ..!?
'FAUDRAIT SAVOIR OÙ ÇA NOUS MÈNE...
48

HHMMUH
HRRHMM MMRRH
HHMMMUHH
MMHRRMGRM GRROMPH
C'EST CON, 'N'AI JAMAIS PU RÉSISTER À UNE FRINGALE.
62

TOUT FOUT L'CAMP !

J'EXISTE, JE L'AI RENCONTRÉ

PAR **FRÉDÉRIC JANNIN**

En haut :
Liliane Franquin et Reiser lors du bouclage de *Charlie Hebdo*, vu par Frédéric Jannin, 2016

En bas :
Illustration de Franquin pour le hors-série spécial Superdupont, 1982

Gotlib venait régulièrement à Bruxelles pour se changer les idées (*Fluide Glacial* lui prenait énormément d'énergie). On passait beaucoup de temps à écouter de la musique déconnante avec Delporte, à regarder les Monty Python (inconnus en France à l'époque) et à manger des glaces avec Franquin. Je me souviens d'un délicieux waterzooï préparé par Christiane (la copine à Delporte) suivi d'une partie de « mimes en cascade ». Ce n'est pas une légende, ces gens étaient de grands enfants. On devait mimer un fakir, tour à tour, et Franquin était de loin le plus doué. Il aurait fait un comédien formidable !

Après *Le Trombone illustré*, Franquin et Delporte se sont fait du souci pour moi et m'ont proposé de dessiner une série qui traînait dans les tiroirs de Franquin depuis quelques années. L'histoire d'un gars qui faisait payer un loyer à une taupe dans son jardin, grâce à un trésor enfoui. Faut dire qu'Yvan était très coprophile pour tout ce qui est fiente de l'esprit et il bourrait « Les démêlés d'Arnest Ringard et Augraphie » (c'est le titre de la série) de contrepèteries foireuses à ne pas mettre entre toutes les mains. Ce qui est marrant c'est que Charles Dupuis n'y voyait goutte, jusqu'au moment où un vilain rapporteur lui montra les obscénités, mais c'était trop tard !

Un jour, j'accompagne Yvan et le couple Franquin à un bouclage de *Charlie Hebdo*. Liliane s'approche de Reiser et lui demande : « Pourquoi se complaire dans la vulgarité ?» Large sourire : « *Ben, parce que c'est plus drôle !* » Liliane sert depuis toujours de garde-fou à Franquin. C'est elle qui lui a expliqué qu'il ne devait pas accepter de reprendre Superdupont (une proposition de Gotlib) : « Ce ne serait pas raisonnable qu'un Belge se moque des Français. » Ça me paraissait bizarre, au vu des clichés utilisés par Goscinny dans ***Astérix*** et de l'hilarant serveur hispanique « Manuel » dans ***L'Hôtel en folie*** de John Cleese et Connie Booth. La femme de Franquin, tout à fait charmante et bienveillante au demeurant, était aussi frileuse à l'idée qu'il réalise une planche pour Amnesty International. Ça ne l'a pas empêché de faire ce génial mix entre ***Gaston*** et les ***Idées noires***.

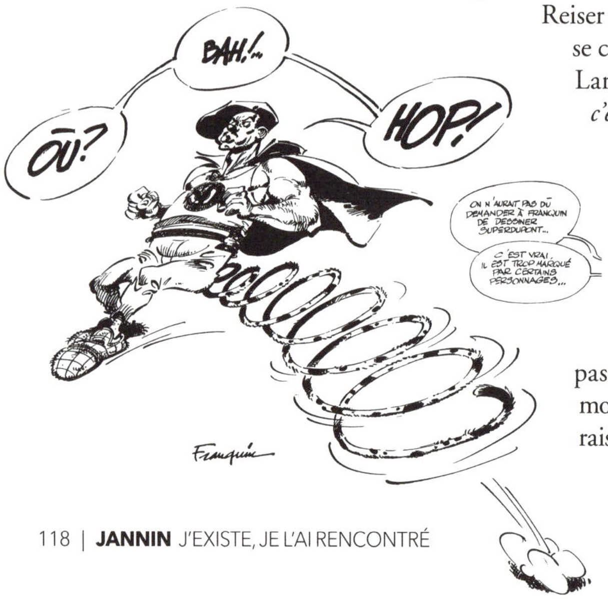

Je ne sais pas pourquoi je raconte tout ça… Sans doute un peu parce qu'on me l'a demandé, et sûrement parce que j'arrive à un âge où ce serait moche de garder pour moi toutes ces bribes d'anecdotes et petites aventures qui m'ont fait vivre une époque remplie de fraîcheur et de naïveté, où la bande à Gaston avait encore un peu la sensation de résister à la connerie généralisée.

Les ***Idées noires*** sont le chef-d'œuvre absolu. Le dernier cadeau de Franquin à l'humanité. Avec le recul, c'est encore plus intense. Faire rire avec hypersensibilité, avec la plus grosse trouille du monde, avec les pires horreurs dont l'homme est capable. C'est vertigineux.

> « Les *Idées noires* sont le chef-d'œuvre absolu. Le dernier cadeau de Franquin à l'humanité. »

Après ça, Franquin s'est sans doute découragé. Les petits mickeys sont devenus un vrai marché juteux. Il a vendu son gaffeur à un homme d'affaires, et il a encore passé un temps fou à faire des dessins de merchandising. Alors que Delporte s'occupait des schtroumpfs à la conquête de la planète et que la famille Dupuis avait lâché les éditions, Gaston est devenu une « marque ». Tout fout le camp, ma bonne dame. Le temps de la résistance, du foutage de gueule, de l'irrévérence s'éloigne petit à petit. Mais le monde était en train de drôlement changer.

La dernière fois que j'ai vu Franquin, il m'a dit: « *Quand je vois ce que devient le monde, je suis content de ne plus être là pour longtemps.* » Puis il a éclaté de rire, bien sûr. Il avait un bon gros rire inoubliable, violent et rond.

Il est mort trois mois plus tard. ■

HÉ! BIEN, QUI M'AIME ME SUIVE!
65
Franquin

DU MÊME AUTEUR :

Fluide Glacial

IDÉES NOIRES
Tome 1 - 1981
Tome 2 - 1984
Intégrale des 2 tomes

Dupuis

SPIROU
24 tomes de 1950 à 1976

MODESTE ET POMPON
Scénario de Franquin, Goscinny, Greg et Peyo
3 tomes de 1958 à 1973

GASTON
17 tomes de 1960 à 1985
Gaston, l'intégrale - 2015

NOËL
3 tomes de 1959 à 1966

ISABELLE *Coscénario pour Will*
5 tomes de 1978 à 1986

MARSUPILAMI *Coscénario pour Batem*
5 tomes de 1987 à 1992

CAUCHEMARRANT 1979

ARNEST RINGARD ET AUGRAPHIE
Coscénario pour Jannin - 1981

LES TIFOUS - 1990

LES ROBINSONS DU RAIL - 1981

Le Lombard

MODESTE ET POMPON
Scénario de Franquin, Goscinny, Greg et Peyo
Intégrale des aventures de Modeste et Pompon - 2015

Les bêtises au-dessus des Idées noires extraites du tome 1 ont été écrites par Yvan Delporte.

Nous remercions pour leur précieuse collaboration :
Isabelle Franquin, Frédéric Jannin, Nathalie Van Campenhoudt, Marcel Gotlib, Laurent Boileau, Eric Verhoest, Xavier Zeegers, Jean-Claude Garot, Jean Mulatier, Numa Sadoul, Christian Kastelnik, Stéphane Godefroid (La Parenthèse).

Éditions Audie-Fluide Glacial, 4 rue Tesson, 75010 Paris.
Imprimé par PPO, France, sur du papier Magno natural 140 g.
Dépôt légal janvier 2017. Troisième édition.
Diffusion France et étranger : Flammarion.
www.fluideglacial.com

OUVRAGES DE RÉFÉRENCES :

Dupuis

FRANQUIN, CHRONOLOGIE D'UNE ŒUVRE
Bocquet (J. L.) et Verhoest (E.)
Coll. Dupuis patrimoine, Paris, 2015, 384 p.

FRANQUIN ET LES FANZINES
Renouil (E.)
Coll. Franquin patrimoine, Paris, 2013, 136 p.

LE TROMBONE ILLUSTRÉ
Collectif
Coll. Dupuis patrimoine, Paris, 2009, 272 p.

GASTON AU-DELÀ DE LAGAFFE
Collectif
Catalogue de l'exposition à la BPI, 2016, 208 p.

Dargaud

ET FRANQUIN CRÉA LA GAFFE
Sadoul (N.) et Franquin (A.)
Belgique, 1986, 208 p.

Mosaïque Films

FRANQUIN, GASTON ET CIE (documentaire)
de Laurent Boileau et Eric Verhoest - 2005

MOTS CROISÉS SPÉCIAL FRANQUIN
SOLUTIONS

	1	2	3	4	5	6	7	8	9	10	11
I	I	D	E	E	S	N	O	I	R	E	S
II	M	A	R	S	U	P	I	L	A	M	I
III	B	R	E	T	Z	E	L	B	U	R	G
IV	E	T	C		E	R		U			N
V	C	A	L	S		A	R	O	N	D	E
VI	I	G	U	O	R		E		E	R	G
VII	L	N		F	A	N	T	A	S	I	O
VIII	L	A	G	A	F	F	E		L	L	T
IX	I	N	A		T	O	N	N	E	L	L
X	T		G	L		L	I	I			I
XI	E	M	S		Z	O	R	G	L	U	B